SHODENSHA
SHINSHO

30代の論語
——知っておきたい100の言葉

齋藤 孝

祥伝社新書

本書は、二〇一三年に海竜社より刊行された『30代の論語』を
加筆・修正のうえ、新書化したものです。

はじめに——ビジネスに生きる「攻めの論語」

三十代は、これからの人生をより実り多きものにする基礎を固めるうえで、非常に重要な年代です。

『論語』に**「三十にして立つ」**とあるように、仕事面ではそろそろリーダー的な存在になっていくことが求められます。また私生活においても、結婚して子どもを持つなどして「自分自身の新しい家庭」という生活基盤を形成する時期でもあります。しっかりとした自分自身の形をつくる時代と言ってもいいでしょう。

そのときに必要なのが、「こういう考え、価値観、倫理観を持って生きていく」という行動指針になる「精神の柱」を持つことです。これがないと、どうしても精神にブレが生じて、場当たり的な行動に終始してしまいがちです。結果、ブレてブレて「三十にして立つ」ことができないまま、「いつの間にか四十代」というような悲惨な状況になってしまいかねません。

本書で提案したいのは、『論語』を「精神の柱」とすることで、揺らがない人生の根幹をつくることです。なぜなら『論語』は、仕事を含めた人生全般においてさまざまな行動指針を示してくれる古典の最たるものだからです。

読み方の基本は、孔子（こうし）の言葉の一つひとつを、いまの自分の状況や経験に引きつけて考え、実践することです。つまり、言葉を〝ワザ化〟する。そのワザを自分の仕事や生活のなかで自在に駆使できるようになると、『論語』は人生のあらゆる場面で機能する、たしかな「精神の柱」となります。

言葉は精神の形、言い換えれば行動に投影される「心の習慣」をつくってくれるものです。「すべてをマスターしよう」なんて考えなくてもかまいません。たとえば、「今週は『**知者（ちしゃ）は惑（まど）わず**』でいく」「今月は『**仁者（じんしゃ）は憂（うれ）えず**』を意識する」「今年は『**中庸（ちゅうよう）の徳（とく）**』を〝ワザ化〟する」といった具合に、いまの自分にとって課題となるいくつかの言葉を選び、それを手帳に書くなどするといいでしょう。そうして三十代を、『論語』の言葉を意識して行動すると、バランスのいい「心の習慣」が身につきます。それが四十代以降の人生をも支える強い精神力につながっていくはずです。

本書では、とりわけ伸び盛りにある三十代に効く孔子の言葉を中心に選びました。ぜひ、実践的な「攻めの論語」として活用してください。三十代のいまこそ、『論語』を学ぶベストなタイミングだと、私は思います。

齋藤 孝

目次

1章 学びが成長を加速させる

2章 ブレない軸を持つ

3章 人づき合いを成長の刺激剤にする

4章 向上心を無限に高める

5章 高い志を原動力に生きる

本文DTP　アルファヴィル・デザイン

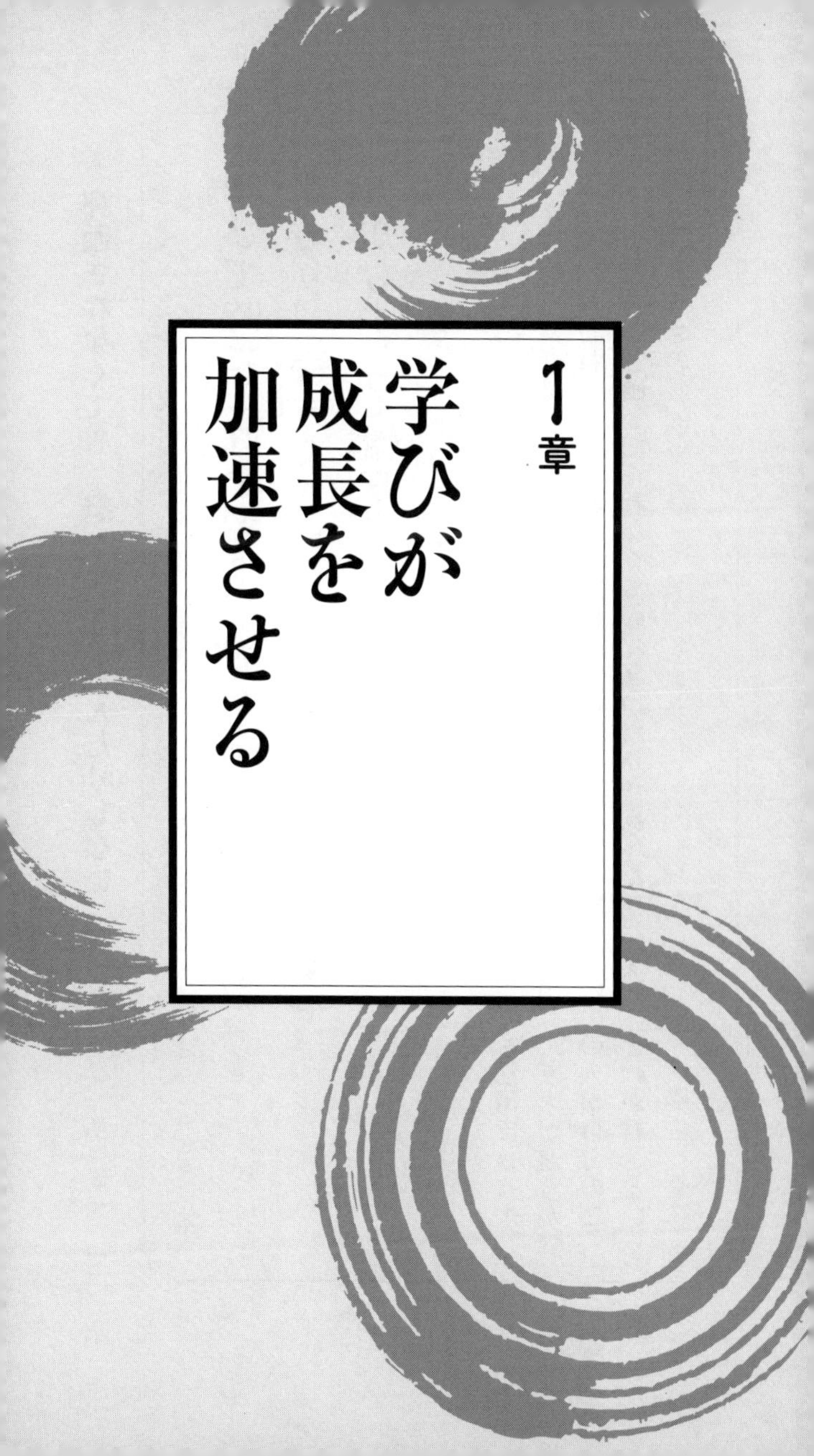

1章
学びが成長を加速させる

1 評価されなくても、怒ったりうらんだりしない

（学而第一　一）

学びて時にこれを習う、亦た説ばしからずや。
朋あり、遠方より来たる、亦た楽しからずや。
人知らずして慍みず、亦た君子ならずや。

【訳】 学び続け、常に復習すれば知識が身につき、いつでも活用できるようになる。実にうれしいことではないか。自分を思い出して友人が遠くから訪ねてきてくれる。実に楽しいことではないか。世の中の人が自分のことを評価してくれなくても、怒ったりうらんだりしない。それが君子というものだ。

三十代は「社会という書物」を読む時代

「近世哲学の祖」とされるフランスの哲学者デカルトは、学校で非常によく勉強した人でした。それで「ほとんどの書物を読んでしまった」というので、「今度は世界という大きな書物を読もう」といろんな国を放浪する旅に出ます。その旅から自身の使命を見出し、哲学に本格的に取り組む人生を切り拓いたのです。このことから私が思うのは、「三十代は『社会という書物』を読む時代」だということです。

社会での経験のすべてを成長の糧に

孔子の言葉も学校の勉強という解釈を離れて、三十代の最重要課題である「社会人としての成長」という観点から読むと、また違って感じられると思います。

仕事をするなかで、思い通りにならないことをたくさん経験するでしょう。自分がいかに未熟であるかを痛感する場面も多いでしょう。そのすべてを自分への厳しい指摘と捉えて成長の糧とし、同時にそれを喜びとすることこそが、若い時代の学びである。孔子はそんなふうに言っているように思います。

つい最近、教え子から結婚の知らせが届きました。文面に「学生のころは自分が結婚できるとは思っていませんでした」とあって、私は彼の成長を見る思いでした。というのも、彼は学生時代、当人が自覚しているくらい「人の話を聞けない」、つまりコミュニケーションの苦手なタイプだったからです。そんな人が結婚するのは難しい。

彼も卒業後は最初の就職先でうまくいかなくて転職するなど、ずいぶん苦労したようです。でも、うまくいかないことを社会や会社のせいにして逃げることをせず、またへこんでうずくまってしまうこともなく、苦労のなかから多くを学びとっていったのでしょう。数年後に会った彼は、別人のように「誰とでも上手にコミュニケーションがとれる人」に成長していました。

「社会という書物」を読むのは厳しさをともなう大変な作業ですが、たしかな〝成長剤〟になりうるのです。

旧交を温めるなかで成長を実感する

自分の成長というのは意外と、自分ではなかなか実感できないものです。日々の小さな成長の積み重ねですから、自分も周囲も数年単位での成長の幅がわかりにくいのです。

けれども、久しぶりに会う友だちにはわかります。彼らは自分の昔を知っているだけに、会わなかった数年間の変化に気づいてくれます。ですから旧友と会って旧交を温めるというのは、懐かしさに浸るほんわかした喜びが得られるだけではなく、自分の成長を実感できる絶好のチャンスでもあるのです。

「変わったね、成長したね」などと言われると、うれしいものです。酒などを飲みながら話すうちに、互いに昔と変わらない部分、変わった部分がわかってきます。それは、自分の過去と現在とのつながりを考える作業でもあります。そうして内的な一貫性を感じることが、自分のアイデンティティを安定させてくれます。

「朋(とも)あり、遠方(えんぽう)より来(き)たる」のは、人生の祝祭的なときです。

いまはメールやフェイスブックなどのおかげで、遠くにいる昔の友人との距離も縮(ちぢ)まっています。マメに連絡をとりながら、たまに会って、互いの成長を見る。それによって、自分自身の成長を実感しながら、さらに伸びていくことを目指す。三十代の旧交を温めるつき合いは、そういう感じがいいのではないかと思います。

評価されなくてもうらまない

周囲が誰も自分の成長を評価してくれないのは、けっこうきついものです。そのときに大事なのは、**「人知(ひとし)らずして慍(うら)みず」**、評価されなくてもうらまないことです。折れそうな気持ちを「周囲がどう思おうと、たしかに自分は成長しているんだ」という自尊心で支えるか、あるいは社会的経験値の高い身近な誰かにかわいがってもらうか。どちらかの方法がとれると、不遇に対する忍耐力が育ちます。

同年代の人と慰(なぐさ)め合うと、ともすると、「いまのままでいいんだよ」という感じになってしまいがちです。社会をよく知る先達の言葉は、貴重です。積極的に関係をつくって、社会的経験知を伝授してもらいましょう。

2　学び、かつ思考せよ

（為政第二　一五）

学んで思わざれば則ち罔し。
思うて学ばざれば則ち殆うし。

【訳】　外からいくら知識や情報を得ても、自分で考えなければ、物事は本当にはわからない。逆に、自分で考えるだけで外から学ばなければ、独断的になってしまう危険がある。

自分の仕事に引きつけて考える

二十代のうちはまだ学生気分が抜けなくて、音楽やスポーツなど、自分の好きな趣味に心を奪われることが多いと思います。

でも三十代になったら、本や人から学んだあらゆることを仕事に傾注していく意識を持つことが大事です。

そこで生きてくるのが、「学び」かつ「思考せよ」という孔子のこの言葉です。

学ぶことと考えることを両輪にして仕事をする

簡単に言えば「学ぶことと考えることを両輪にして仕事をしなさい、生きなさい」と、孔子は言っています。たとえば本を読んで、「あー、勉強になった」と満足して、はい、おしまい。あるいは物事を一生懸命考えているつもりでも、そこから何も発展するものがなく「下手の考え休むに似たり」状態になる。そんなふうでは意味がなくて、学んだこと・考えたことを仕事や人生に役立てることが大事なのです。

だから本で学ぶ場合は、常に「自分の仕事に置き換えると、どう生かすことができるか」ということを念頭に置いて読む。そうすれば、ただの〝頭でっかち〟になることなく、行動力のともなう知識を得ることができるはずです。

年間百冊の本を読み、三十代で突き抜ける

そういう意味で、三十代の読書を考えると、自分の仕事に引きつけて考えることをしやすい本——単純に言えば、仕事に必要な本を選んで読んでいくといいでしょう。思考を深めるには、読書が身のためになります。新書を中心に、少なくとも週に二冊、年間百冊くらいはこなしてほしいところです。考えるべきテーマを決めれば、関係ないところはどんどん飛ばせますから、そのくらいは読めるでしょう。「一冊三十分」と思って、仕事に生きる読書に挑んでください。

そうして専門書なりビジネス書なりを「自分の仕事に引きつけて読む」ことをしていると、仕事に傾注するエネルギーが増大します。その分、仕事の能力が高まります。三十代で突き抜けることができるのです。

「四十代からの努力で突き抜けた」という人の話はあまり聞かないので、仕事で突き抜けるなら三十代のうちです。

ネットの情報も、テレビも、趣味も、「仕事に生かせるのでは」という意識で臨むと突き抜けるエネルギーが増します。

3「知っている」とはどういうことか

子曰わく、由よ、女にこれを知ることを誨えんか。これを知るをこれを知ると為し、知らざるを知らずと為せ。是れ知るなり。

（為政第二　一七）

【訳】子路（由）よ、お前に「知っている」とはどういうことかを教えよう。はっきりわかっていることだけを「知っている」とし、よく知らないことは「知らない」とする。このように「知っていること」と「知らないこと」の間に明確な境界線が引けることを、本当に「知っている」と言う。

プロの基準を持つ

「何でも知っている気になっていないか？」「何だって、やればできると思い込んでいないか？」——この言葉はそんな問いかけでもあります。

単純に「知ったかぶりをせず、謙虚に自分の無知を認めて勉強しなさい」というふうにも読めますが、ここではもうちょっとレベルを上げて「真に知っていると言えるまで、飽くなく探究し続けることが大切だ」と捉えてみてください。

「できる・できない」の境界線を意識する

たとえば科学者の仕事は、一生かけて「知っていること」と「知らないこと」の間にある境界線を明確にし、「知っている」領域を少しずつ広げていくことです。言い換えればそれは、「知らないこと」が何かをきちんと認識して、「知っていること」を増やしていく作業です。

こういった科学者の姿勢はすべての仕事に通じます。「知る」を「できる」に置き換えて考えてみてください。自分は何ができないのかがわかっていないと、できることを増やしていけません。仕事のできる人というのは実は、常にその境界線を意識し、それを動かしながら自らの力量を伸ばしていける人なのです。

「年収×3」の利益を生み出しているか

自分には何ができないのかを知るためには、プロの基準を当てはめてみるのも一つの方法です。プロの基準とは、お金をもらって仕事をするのではなく、会社に利益をもたらす仕事をしてお金を得ているかどうか。部署にもよりますが、ビジネスパーソンの場合は「給料の三倍稼いでいる」ことが基準の一つになるでしょう。

そこを考えると、自分にとってできるラインがわかってきます。そのうえで、「この仕事はいまの自分には難しいな」と判断できるようになることも、三十代に必要な一つの能力です。場合によっては「ムリ」と判断して、別のできることのほうにより多くのエネルギーをかけるのもありでしょう。

ただ自分の可能性を狭めてはいけないので、「これができるようになれば、五年後の展望が開けそうだ」と思う仕事には挑戦するべきです。たとえばパソコンの技術などは、単純な操作の先の仕事の量と質には大きな差が出ます。その差を三十代のうちにつけておくと、四十代以降の武器になるはずです。仕事を増やせるか否かは、三十代がギリギリの時期です。その意味でも、いまできないことを知っておくことが大切です。

4 人間的成長のなかに「報酬」がある

（為政第二 一八）

多く聞きて疑わしきを闕き、慎しみて其の余りを言えば、則ち尤寡なし。
多く見て殆うきを闕き、慎しみて其の余りを行なえば、則ち悔寡なし。
言に尤寡なく行に悔寡なければ、禄は其の中に在り。

【訳】 たくさんのことを聞いて疑問点を正し、少しでもこれはあやしいと思うことは口にしないようにすれば、人からとがめられることは少なくなる。たくさんのことを見て参考にし、これは危ないと思ったことはやらず、それ以外のことだけを慎重にやるようにすれば、後悔は少なくなる。発言にまちがいが少なく、行動に悔いるようなことが少なくなれば、そうした人間的成長それ自身のなかに、すでに「報酬」があると言えよう。

報酬は信用を形にしたもの

この言葉は子張（しちょう）という若い弟子が「先生、いいお金をもらえるにはどうしたらいいでしょうかね」と気楽にたずねたことに対する孔子の答えです。ようするに「慎重に確実に仕事をして信用を積み上げていくことが報酬という形になる」ということです。

情報は得ることより吟味することが大事

情報の流通量が爆発的に増えている現代においては、どれだけ多くの情報を入手するかよりも、その〝情報カオス〟のなかからどの情報を選ぶかが、いままで以上に重要になっています。

自分の見聞きした情報に、とりあえずと乗っかっていってしまうと、判断を誤るし、周囲に「あいつの言うことは適当すぎる」と信頼されなくなってしまいます。孔子が言うように、「情報を吟味する」作業がなければ、いい仕事はできないのです。

三十代で「情報に振り回されているだけのいい加減な人間だ」というような評判が立つことは、その人の将来にとって致命傷になります。当人は「自分は情報通だ」くらいに思っていて気づかないかもしれませんが、だんだんに仕事が減ってきます。慎重さに欠ける人には仕事を任せられないからです。

あやふやな情報にいちいち反応せず、確実な情報をもとに手堅くミスなく仕事をやっていく。多くの情報から疑わしいものや危(あや)ういものを除く。そういう日々の積み重ねが信用になり、ステップアップにつながります。

会議で問われるのは発言の質

会議で意見を言ったり、質問をしたりするとき、三パターン用意して臨むといいでしょう。キーワードだけでもメモしておいて、三パターンのなかのベストなものを選ぶようにするのです。あるいは会議中にみんなの発言を聞きながら、こういう意見を述べよう、こういう質問をしようとメモしていく方法もあります。メモすれば、意味のあることか、何かの役に立つことかを吟味してから発言することができます。

思いつきでしゃべると、ろくなことにはなりません。三十代ともなれば、会議でも発言の質を問われるので、適当なことを言うのではなく、確実なことを言い続けることが信用を得ることにつながります。**「言(げん)に尤寡(とがめすく)なく行(こう)に悔寡(くいすく)なく」**です。

報酬というのは、確実な仕事をする人に対する信用を形にしたものなのです。

5 朝に道がわかったら、晩に死んでもいい

朝に道を聞きては、夕べに死すとも可なり。

（里仁第四 八）

【訳】 朝、正しく生きる道がわかったら、その日の晩に死んでもいい。

「死んでもいい」くらいの覚悟で一流に学ぶ

何か強すぎる感じのする言葉ですが、生きていくことを「道」と捉えるのは、日本人には合った考え方のように思います。日本人は、お茶や生け花などの芸事でも、武術でも、「道」とつけて、精神を修養することを重んじてきました。

ビジネスパーソンで言えば、さしずめ「仕事道」といったところ。ここで孔子が言う「道」も、三十代の人は「仕事を究める道」と読むとしっくりくるでしょう。

必要なのは「学ぶ覚悟」

「仕事道を究める」とは、仕事の本質をつかむことにほかなりません。これが難しい。生半可にはできることではなく、それこそ「仕事の本質がつかめたら、すべてを投げ出してもいい」くらいの覚悟を持って、自分からつかみ取りにいくくらいでないといけません。それも自分一人の頭で考えたところで、社会人になって十数年程度ではなかなか究めることはできません。

ならば、どうすればいいか。一番いいのは、一流の人に学ぶことでしょう。そのときに大切なのは、「死んでも学び取るぞ」という強い気持ちでぶつかっていくことです。そういう

「学ぶ覚悟」が話を聞く姿勢に現れていると、一流の人も「よし、大事なことを教えてやろう」という気持ちになるものなのです。

たとえば上司を〝差し飲み〟に誘う

たとえば社内に非常に有能な上司がいるならば、その人を〝差し飲み〟に誘うのも一つの方法です。熱意を持って「ぜひ、二人で」とお願いすれば、嫌がる人はいないでしょう。自分から何かを吸収しようとぶつかってくる若手の熱意に溢れる姿勢を見れば、誰だってうれしいはずです。近ごろは「誘っても飲みにこない」と寂しい思いをしている上司が多いのですから、なおさらです。

そういえば、プロ野球の中日で監督をしていた落合博満（おちあいひろみつ）さんが以前、「聞きにくれば教えるのに、誰もこないんだ」とこぼしていました。落合さんのようなバッティングの達人に教えてもらえれば、決定的なアドバイスをしてもらえるのに、何とももったいない話です。

一流の人たちの一言は、その道の極意に通じる貴重な助言になります。自分にとって新しい道をちょっと開いてくれる一流の人との出会いを大事にして、決死の覚悟で極意を学んでいけば、三十代における成長は間違いなく加速します。

6 八つ当たりせず、同じ過ちを二度としなかった

（雍也第六 三）

顔回なる者あり、学を好む。怒りを遷さず、過ちを弐たびせず。不幸、短命にして死せり。今や則ち亡し。未だ学を好む者を聞かざるなり。

【訳】 顔回という者がいて、本当の学問好きだった。怒って八つ当たりすることも、同じ過ちを二度することもなかった。不幸にして短命で亡くなり、今は学問好きと言えるほどの者は門下にはいない。世の中でも顔回ほど学問好きという者は聞いたことがない。

向上心で周りを感化する

三十代になると仕事にも慣れてきて、何となく現状維持に落ち着いてしまいがちです。しかし一方で、何をやっても新鮮におもしろく感じる二十代のころの向上心そのままに、いろんなことに意欲的に取り組んで伸びる人もいます。

この差は非常に大きい。向上心というベクトルを上げられるかどうかで、四十代以降の仕事やポジションが決まると言っても過言ではありません。

向上心のある人は上からかわいがられる

孔子が顔回を高く評価したというこの短い文章を読むと、「何だ、それだけのことか。特別な天才ってほどではないじゃないか」と思うかもしれません。けれども孔子は、一つのことを勉強と実践を通して徹底的に身につけるようなことをものすごく大事にしたのです。

ミスなく確実な仕事をするタイプは、会社でも出世することが多いでしょう。顔回のように、自分の感情をコントロールできて、言われたことは確実にこなし、かつ修正能力があってミスを繰り返さない。そういう人は上からかわいがられます。真摯(しんし)に学ぼうとする向上心があるからです。

報酬は後からついてくる

ただ顔回には、学を好むゆえに報酬を求めないところがあり、それで命を縮めた部分もあります。その姿勢を評価しすぎるのはちょっと厳しいように感じます。

これを現代に当てはめる場合、どんな仕事も「割に合わない」などと言わずに、まずは自分の成長を優先して取り組む、同じミスはしない、というくらいの理解でよいでしょう。

そうすると能力が上がり、成果も出せるようになるので、自然と報酬も上がっていくはずです。「報酬は遅れてついてくる」という考え方です。

組織というのは、真ん中に一人、向上心のある人がいると、空気がガラリと違ってきます。周囲の人が感化されて、職場に活気がみなぎってくるのです。

三十代はリーダーとしての資質を磨く時期でもあるので、自らの向上心でみんなを引っ張っていく気概がほしいところ。

職場に不景気な顔をした四十代・五十代がいても、自分が明るく前向きな雰囲気にしていこうと努めてください。

7 学問を好む者は、学問を楽しむ者に及ばない

これを知る者はこれを好む者に如かず。
これを好む者はこれを楽しむ者に如かず。

（雍也第六　二〇）

【訳】学ぶことにおいて、知っているだけでは好むには及ばない。また、学問を好む者は、学問を楽しむ者には及ばない。

「仕事は趣味より楽しい」と言える人は強い

「仕事を楽しんでいますか？」と問われたとき、あなたはどう答えますか？「ふつうです」では感心しません。それでは周囲に「本当に楽しそうに仕事をしているな」というふうには映りません。

三十代に活気がないと、職場全体が沈んでしまいますから、誰もが「あの人、楽しそうだな」と思う空気を出していく。それもリーダーたる三十代の役割です。

ミッションを果たす緊張感を楽しむ

三十代になれば、仕事は一通りできるようになっていると思います。それはいいことですが、仕事を楽しむのがちょっと難しくなるかもしれません。二十代のときのように、苦労せずにラクにこなせる仕事が増えるからです。それでつまらなくなってやる気をなくすか、「まぁ、好き」というレベルを保つか、気持ちがどちらかに傾いていきがちなのです。

しかし孔子が最上とするのは、仕事を楽しむ人。「好む」が趣味のレベルだとすると、そこを越えてもっと積極的に「緊張感のなかで仕事を楽しむ」という域に達することです。言い換えれば、ちょっと難しくてプレッシャーを感じるようなミッションを背負って仕事をする、その緊張感を楽しむ、ということです。

仕事を積極的に〝食って〟いく

たとえばデザイン界のトップを走る佐藤可士和さんが、「ペン」という雑誌のインタビューで、興味深いことを語っていました。ユニクロがニューヨークに旗艦店を出すに当たってのブランディングという大仕事を引き受け、成功させたときのことを、「僭越ながら適任だと思いました。ミッションには応えられたんじゃないかな」とふり返っていたのです。大変なプレッシャーだったと推察しますが、彼は難しいミッションを背負って仕事をすることが楽しくてしょうがなかったようです。

まさにそういう仕事の仕方を、三十代の方にやっていただきたい。これが習慣になると、もっともっとと、次から次へと難しいミッションを求める気持ちが湧いてきて、積極的に仕事を〝食って〟いけます。しかも、それをいかにも楽しそうにやっていると、その楽しさが周囲にも伝わり、職場も元気になります。

三十代ががんばらない国は、国全体が衰えていきます。みなさんには国を背負っているくらいの気持ちで、仕事を趣味以上の楽しみとしていただきたいですね。

8「発憤」していなければ指導はしない

憤せずんば啓せず。悱せずんば発せず。一隅を挙げてこれに示し、三隅を以て反えらざれば、則ち復たせざるなり。

（述而第七　八）

【訳】 わかりたいのにわからず悶々としているようでなければ、指導はしない。言いたくてもうまく表現できないようでなければ、はっきり言えるように指導はしない。自ら求めない者に教えてもしかたがないのだ。四隅のあるものの一隅を示したら、他の三隅を推測できるようでなければ、もう一度教えはしない。類推してわかろうとする気構えのない者はまだ教わる水準に達していない。教えを受けるのには受けるなりの素地が必要なのだ。

上手に教わるには「発憤」が必要

何かを学ぼうとする気持ちの強い人は、指導者の〝教えたい欲〟に火をつけます。逆の場合は、孔子流に厳しく言えば、「発憤していない人には教えてもしょうがないよ」と思われてしまいます。その意味では、「上司に目をかけてもらえない」と不満を抱く人は、自分には発憤が足りないと反省したほうがよさそうです。「発憤」とは、興奮して心がワクワク、ドキドキする状態を意味します。

刺激されて発憤する

最近の自分を考えてみて「どうも発憤しにくい」ようなら、それは刺激が足りないせいかもしれません。三十代は仕事に慣れてくる分、刺激が減って、惰性(だせい)に陥(おちい)ったり、マンネリを感じたりしがちなのです。そんなふうだと仕事人生は沈んでいく一方なので、積極的に刺激を求める必要があるでしょう。

何もそう難しいことではありません。たとえば社内の人でも社外の取引先の人でも、あるいは同年代の有名人でも、誰かを勝手にライバルに仕立ててみる、という方法があります。「同年代でこんなにがんばっている人がいるのか」「あの先輩の仕事はすごいな」など、すばらしいと思って真似したくなる愉快な刺激でもいいし、逆に不愉快な刺激でもいい。「何であいつが評価されるんだ?」「自分があのプロジェクトに関わらせてもらえないのは悔しい」といった負の感情がともなうのも、また刺激になりえます。読みやすいビジネス書をざっと読むのも刺激になります。

私は「テレビをつけ、本を読む」というようなことをやるのですが、これもけっこうおすすめです。プロ野球の戦力外通告の番組などは身が引き締まります。情報を浴びるなかで、何かに刺激を受けて発憤することがよくあるのです。

教えられたことに対して想像力を働かせる

発憤することともう一つ孔子が言っているのは、教わるときの姿勢として、「一つ聞いたら、二つ、三つのことを理解しよう」とする想像力が必要だということです。ようするに、類推しながら話を聞く姿勢です。

教えられたことを聞くだけでは「受け身の学習」にしかなりません。そうではなく、大事なことを一つ教えられたら、「この場面でも応用できますね」「逆の場合はこうすればいいんですね」などと類推しながら聞いていく。すると、さらに深い教えが得られます。これも学びに対する積極性を示す姿勢と言えるでしょう。

9 学問の心構えとは？

学は及ばざるが如くするも、猶おこれを失わんことを恐る。

【訳】 学問は、際限なく追い求め、しかも学んだことを忘れてはいないかを恐れる、そんな心構えで勉めなくてはいけない。

（泰伯第八 一七）

常に高みを目指す

たとえば世界のホームラン王、王貞治（おうさだはる）さんは現役時代、シーズンが始まる前には決まって「一本もホームランを打てなかったらどうしよう」と悩んだそうです。圧倒的な実力があるにもかかわらず、です。そういう恐れにも似た気持ちがあったからこそ、より高いレベルを目指して日々たゆまず練習に励（はげ）んだのでしょう。

王さんですらそうなのですから、ちょっとくらいいい仕事をしたからといって「これでいい」と安心している場合ではありません。とくに若いうちは、「自分はまだまだだ。このままではダメになる。もっと、もっと」と、際限なく目標を上へ、あるいは奥深いところへ持っていく姿勢が必要です。

「これでいい」と思った瞬間に、成長は止まってしまうのです。

「恐れ」とは緊張感のこと

ここで孔子の言う「恐れ」は、「緊張感」と言い換えられます。職場には決まって、仕事ができないにもかかわらずノホホンとしている人が一人や二人いるでしょう。はっきり言って、そういう人たちは自分の能力を自覚していないし、より高いレベルを目指そうという意識にも欠けています。恐れがない状態ですね。だから緊張感を持って仕事をすることができないわけです。

「そろそろ引退かな」となる六十歳前後ならまだしも、三十代の働き盛り、伸び盛りの人たちがそんなふうでは困ります。かなり仕事に習熟してきたとしても、もっと上がある、まだまだ究めなければならない奥深さがあると思って、緊張感を維持して仕事に取り組むことが求められます。自分の仕事の質というものに対して、基準を高く設定することが必要でしょう。

「すごい人」の刺激を求める

テレビ番組のなかには、飽くなき探求心と情熱を持って仕事をしている人たちを取り上げたドキュメンタリーがあります。そこに出てくる「すごい人」を見ていると、いやでも刺激を受けます。ときどきこの種の番組を見ると、緊張感を支えてくれるのではないかと思います。

高みを目指した人の仕事の軌跡が書かれた本を書棚に並べておくのも効果的です。私はゲーテ、ドストエフスキー、フロイト、ニーチェ、吉田松陰らを刺激剤にしています。「こういうすごい人がいるんだよ」と周囲に話すと、より刺激が長続きするでしょう。

10 人は、学びの有無によって差が出る

性、相い近し。
習えば、相い遠し。

【訳】人は生まれたときには互いに似ていて差はない。しかし、学ぶか学ばないかによって善にも悪にもなり、差が広がって互いに遠くへだたる。

（陽貨第十七　二）

自分を伸ばすには「環境選び」が重要

「水に慣れる」という言葉があるように、人は新しい環境に入ってしまえば、意外とすんなり馴染めるものです。

たとえばサッカーでは、ここ十年で、海外のチームに移籍する選手が増えました。少し前までは、日本人選手がヨーロッパのビッグクラブでプレイするなど、予想もできないことでした。

しかも驚くことに、〝海外移籍組〟が新しい環境にポンと入って、何となく水に慣れて、どんどんレベルを上げながら、目覚ましい活躍を見せています。おそらく日本にいたままでは、彼らの力はいまほど伸びなかったのではないでしょうか。

こんなふうに、環境をより高いレベルのほうにスッと変えることで、力がぐんぐん伸びることがあるのです。「環境選び」は、自分を伸ばすためには非常に重要な要素です。自分の意欲を高めてくれる場を求めるということです。

新しいステージを自ら求める

環境をガラリと変えないまでも、いままで慣れすぎてしまった仕事から、やったことのない新しい仕事に軸足をシフトさせることはそう難しくないでしょう。

たとえば上司に「この仕事をやってみたいので、いまの仕事は後輩に任せてもいいですか？」などと相談しながら、新しいステージを自ら求めていく。その際、「いまの仕事はもうおもしろくないからイヤだ」というような後ろ向きの言い方ではなく、「自分を伸ばすためにチャレンジしたい」と前向きにお願いするのがポイントです。三十代であれば、その程度の微調整は上に認めてもらえるのではないでしょうか。

イメージとしては、企業が商品のラインアップを考えるのに似ています。企業にとって何が次の主力商品になるかが見えにくいことがあって、あれこれ試すうちにいつの間にか、本来の業務とは別の商品に軸足が移っていく例は少なくありません。ＤＨＣなどは、もともとは翻訳会社だったことが嘘のようです。

そんなふうに、ビジネスパーソンも仕事のステージを変えながら、自分を伸ばしていくことが可能なのです。自分に才能があるかどうかを問うより、むしろ習慣を変えてステップアップしていくことを考えたほうがいいように思います。

需要に合わせて自分を変形させる

自分のやりたい仕事をやったがために失敗した、というケースはよくあります。自分のやりたい仕事だから必ずしもうまくできるとは限りません。

漫画家やミュージシャンによくあるのは、ヒットを飛ばして、「さて、そろそろ自分のつくりたい作品を手がけよう」となったときに、一気に人気が落ちていくケースです。そういうのを見ながら、私はいつも「だから本人がやりたいことだけをやらせちゃダメなんだよなぁ」と残念に思っています。

あらゆる仕事は需要で成り立っているので、自分のやりたいことには実は需要がなかった、ということは意外と多いのです。自分にはどんな仕事が向いているのか、あまり自分の思いにこだわらず、先見の明のある人に決めてもらうのもいい方法でしょう。それは、「これをやってもらいたい」と依頼される仕事をどんどんやっていき、仕事の幅を広げるというやり方です。このように人の需要を感知するアンテナをつくっていくことも、三十代の環境づくりとして必要です。

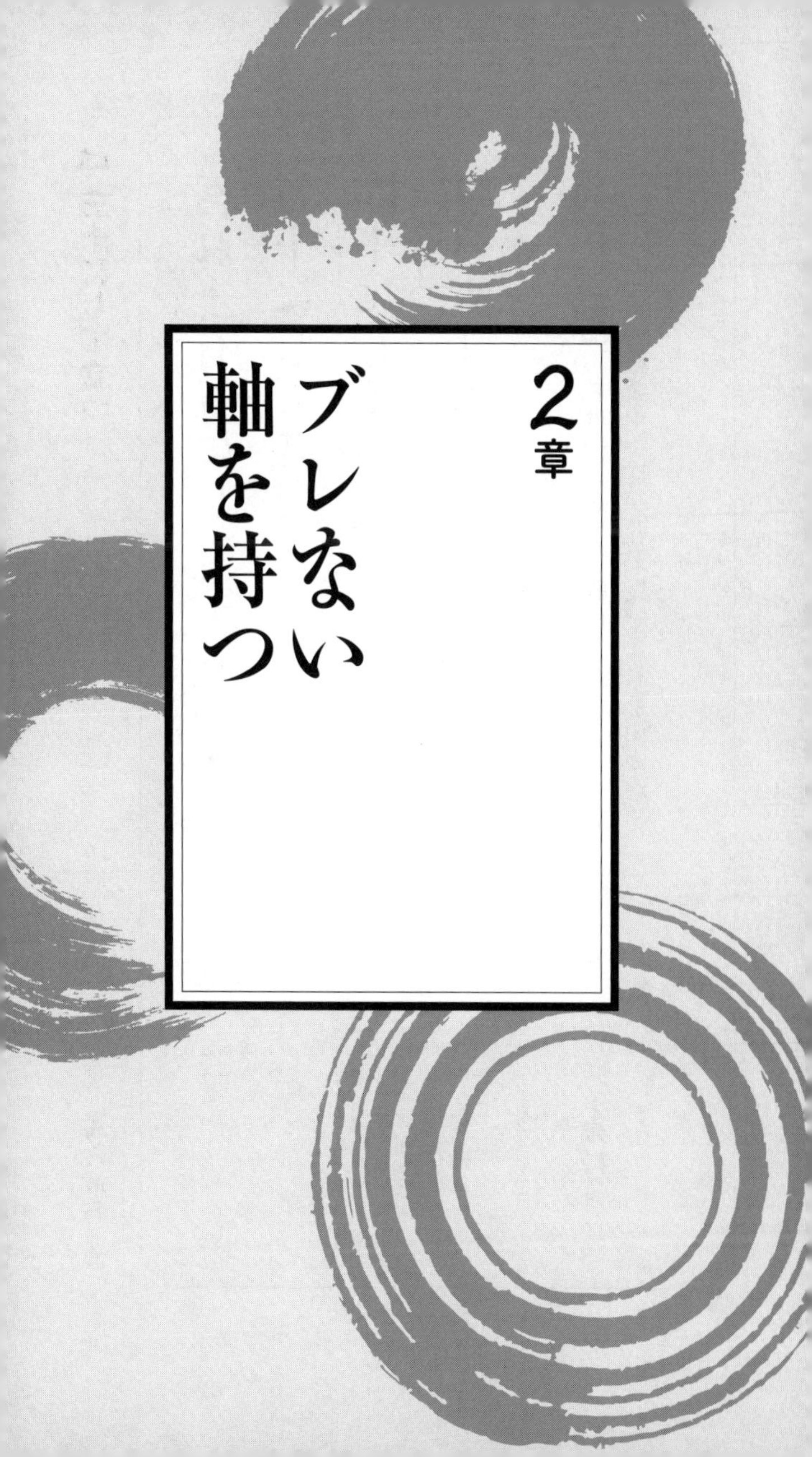

2章

ブレない軸を持つ

11 三十にして立つ

吾れ十有五にして学に志す。三十にして立つ。四十にして惑わず。五十にして天命を知る。

【訳】 私は十五歳で学問に志した。三十歳で独り立ちした。四十歳になって迷わなくなり、五十歳で天命を知った。

（為政第二 四）

仕事も家庭も自分の足で立つ

年代を区切って、どういう人間になっているべきか、その指標を示した言葉です。日本人は古来、これを目標に生きてきたわけです。この文章に続いて「**六十にして耳順がう。七十にして心の欲する所に従って、矩を踰えず**（六十歳で人の言葉を素直に聞けるようになり、七十歳で思ったことを自由にやっても道を外すことがなくなった）」という言葉があります。

リーダーとしての立場を確保する

三十歳になったときは「立つ」ことが目標だとあります。それはどういうことか。

会社員なら、入社して仕事を覚えていって、三十歳になったときに職場のなかでリーダーとしてちゃんと自分の立場を確保している。それが「立つ」ということだと考えていいでしょう。

私の場合、三十代はじめに大学生に教えたときに「立つ」感覚を持ちました。職場で一定の信頼を得て、「自分はこれでやっていけるんだ」というような自信を持つのが「立つ」ということです。

そのためには二十代後半から三十代初めくらいまでが非常に重要です。この間にしっかり仕事をした人は、一定レベルの知識・技術が身につくので、周囲にも「この人なら任せられる」と思ってもらえるようになるはずです。

一人でできる仕事はあまりないことを考えると、「信頼され、任せられる人間」になっていることが求められる。そのことが「四十にして惑わず」につながっていくのです。

家庭を持つことも「立つ」ことの重要な要素

「立つ」というテーマは、仕事だけではありません。「人間としてトータルに立つ」という視点で考えると、三十代においては「家庭を持つ」ことも重要です。いまは三十代半ばを過ぎても親元で暮らして、身の回りのことをすべてやってもらっている人も少なくありません。そんなふうでは「立っている」とは言えません。

社会というのは基本的に「再生産」しながら回っていきます。未婚者が増えれば、家庭の再生産が滞り、社会全体が老化していきます。そうならないよう、三十代の人には「次世代につなぐ」観点も持って、新しい家庭を持って立つことを目標にしていただきたいところです。

自分の家庭を持てば、いやでも「立つ」ことに対する意識が高まるという意味でも、結婚は非常によいものなのです。

12 人が生きていくには「まっすぐ」が大切だ

（雍也第六 一九）

人の生くるは直し。
これを罔いて生くるは、
幸にして免るるなり。

【訳】 人が生きていくには、まっすぐであることが大切だ。このまっすぐさをなくしても生きていられるとすれば、それはたまたま助かっているだけのことだ。

「まっすぐ」をキーワードにすると、迷いがなくなる

人はときに、物事の原理や本質を見失い、複雑な思考にはまってしまうことがあります。迷いはそういう状態から生じるものです。

「直し」とは「まっすぐで素直、正直」なこと。

ああでもない、こうでもないと思考がブレていると感じたなら、「まっすぐ」をキーワードに自分を立て直すといいでしょう。迷いがスーッと消えていきます。言動の裏表もなくなります。

「まっすぐ」な人は周りを動かす

松下幸之助（まつしたこうのすけ）さんはよく「素直さが大事だ」と言っていました。これが簡単なようで、意外と難しいのですが、常に「まっすぐ」を意識してみる。それも、周りのことはおかまいなしに、直情的にドーンと突き進むイメージではなく、生きる基本、仕事をする基本に則（のっと）ってまっすぐかどうかを考えるのがポイントです。

たとえば人の話にまっすぐ耳を傾けているか、周りの状況にまっすぐ目を向けているか、仕事にまっすぐ向き合っているか、その行動は自分の気持ちとまっすぐつながっているか

……。そんなふうに自らに問うと、自分が原理や本質をゆがめて行動していないかどうかがわかります。結果、何事もうまくいくのです。

「まっすぐ」で生きている人は、周りの人たちの気持ちを動かすことがあります。たいていの人は自分がトクしようと、いろんな策略や思いを巡らしていて、そのわりにはうまくいかないことが多いものです。

でも、うまくいっている人を見て「あの人、まっすぐだな」と感じたとき、彼らも素直さを取り戻すのです。

結婚問題にまっすぐ、というのもいい

前項と重なりますが、三十代になっても独身、という男女が増えています。とくに非正規雇用の男性は未婚率が非常に高いそうです。収入が少ないから結婚に二の足を踏む気持ちはわかりますが、時代を遡れば、生きていくのがやっとという状況でも結婚し、子どもを七人も八人も育てていた人たちが大勢いました。

また生物界に目を移すと、数日間しか生きられない生き物ですら、あっという間に交尾して果てていきます。自殺する生き物もいません。とにかく命ある限り生きるという生物の本質をゆがめない。実にまっすぐなのです。

自分が無職時代に結婚したから言うわけではありませんが、「結婚して一人前になる」道もあります。生命の循環にまっすぐ、というのも悪くないと思いますよ。

13 若いころのように、夢に見なくなってしまった

（述而第七　五）

甚だしいかな、吾が衰えたるや。久し、吾れ復た夢に周公を見ず。

【訳】ひどいものだね、私の気力の衰えも。もう長いこと、夢で周公を見ることがなくなった。若いころは夢にまで見てあこがれていたというのに。

夢に見るくらい仕事をする

周公は周王朝の文化を創建した人で、孔子の生まれた魯の国の始祖でもあります。その周公に、若い孔子はあこがれていました。そして周公の行なった政治や儀式などに人心を整えることの理想を求め、それをもう一度実現しようとしました。周公が夢に出てくるほど、がんばっていたのです。これを「三十代は、夢のなかでも仕事をしているくらいでないとダメだ」というメッセージとして捉えてみてください。

理想があるからがんばれる

孔子はもちろん、周公に会ったこともありません。でも周公をお手本とすることで、「自分も周公のようでありたい」と思って、努力を続けました。

その意味では、イタリア・ルネッサンス期の芸術家ミケランジェロも同じです。彼は古代ギリシアの彫刻を見て、「ああいうものを創りたい。でも自分にはまだまだかなわない、かなわない」と言い続けていました。そもそも理想とするもののレベルが高いわけですから、努力には際限がない。だからこそその時代の中で突出して水準の高い彫刻を創ることができたのです。

このように明確な理想を持つことは、自分を高めていくにはとても大切です。

仕事にかけるエネルギーを最大限増やす

ちょっとおもしろいのは、孔子が「年をとって、周公の夢をあまり見なくなった」と嘆いているところでしょうか。仕事にかけるエネルギーが多いか、少ないかは、夢に見たかどうかで判断できるものなのかもしれません。

私自身、二十代後半から三十代にかけては、論文を大量に書きまくっていて、夢のなかでもカチカチとキーボードを打ち続けていました。夢のなかで自分がしゃべっている言葉が全部、活字になって出てくるような不思議な感じでした。いま、文章に書くようにしゃべることができるようになったのは、そのおかげのような気もします。

夢に見るくらい仕事をするというのは、ようするに意識の量の問題でしょう。日中に仕事に注いでいるエネルギーが、無意識のレベルにまで沁み込んでいく。そのことが「夢のなかでも仕事をしている」という現象になるのだと思います。

三十代はそのくらい仕事に熱心でいい。仕事の心配事を夢に見るのも疲れますから、周公に当たる自分の理想をイメージして眠りにつくのも一手です。

14 学問を修めるとは？

（述而第七　六）

道に志し、徳に拠り、
仁に依り、藝に遊ぶ。

【訳】　正しい〈道〉を志し、身につけた〈徳〉を拠りどころとし、私欲のない〈仁〉の心に沿って、礼・楽・射・御・書・数のような教養を楽しみ、その幅を広げる。学問を修めるとはそういうことだ。

仕事を道とし、その道に志す感覚で仕事をする

「志」という言葉が、最近になって見直されてきたような気がします。社会情勢が厳しくなり、不確実性が増したいま、「志」が注目されています。坂本龍馬(さかもとりょうま)を筆頭とする幕末の志士たちに人気があるのも、その表れではないでしょうか。

三十代の人は仕事を道と捉え、その「道に志す」という意識を持って仕事に取り組むのがいいでしょう。強い志が自分を辿りつきたい境地へと牽引(けんいん)してくれるはずです。

志は行動に表れる

どの業界にも、道に志している人はいるものです。卑近な例では、私が家族とよく行くレストランのフロア担当の方がそうです。一度行っただけで、家族全員の名前を覚えていてくれて、料理のすすめ方もとても上手なのです。自然と「また食べに行きたい」という気持ちになります。店内に彼のような人がいると、不思議と家で食べている以上に家族的な感じがしてきます。おそらく彼にはサービスのプロとしての志があり、それが一つひとつの行動に表れているのでしょう。

このように、志を持って仕事をしているかどうかは、意外と外から見えてしまうものです。

志のない仕事ぶりは、自分の評価を下げることにもなります。

志を持って仕事をするにせよ、何も拠りどころがないと、「何となくがんばる」というふうになってしまいます。実際、最近はやたらと「がんばろう、がんばろう」と、みんなが言っていて、何か語彙が少ないというか、言葉が空虚に響きます。そうではなくて、孔子は「道徳観を拠りどころにしなさい」と言っています。

昔は『論語』に由来する「仁義礼智」のような〝精神の練習メニュー〟があって、明確に徳を意識して行動していました。そういう感覚を持つといいでしょう。

教養のある遊び方で自分を伸ばす

もう一つ、孔子が言っているのは「藝に遊ぶ」ということ。「藝」は「教養」と捉えられます。本を読むのでも、趣味を楽しむのでも何でもいいのです。

たとえば野球が好きだったら、野球中継を見ながら監督の采配にマネジメントの技術を見る、お笑いが好きなら、お笑い番組におけるひな壇芸人の熾烈な競争を通して突出するための戦略を検証するなど、何かプロの技術を学ぶ視点を入れてみる。そうすると、趣味の世界で遊ぶ感覚で、自分をリラックスさせつつ伸ばしていくことができます。

15 たくさん見聞きする

蓋し知らずしてこれを作る者あらん。我れは是れ無きなり。多く聞きて其の善き者を択びてこれに従い、多く見てこれを識すは、知るの次ぎなり。

（述而第七　二七）

【訳】　本当に道理を知っているわけでもないのに勝手に創作する者がいるが、私はそんなことはしない。できるだけたくさん聞いてその中から善いものを選んで、それに従い、たくさん見て記憶しておくようにする。真に道理を知ることは難しいが、これならばできる。

ものを知らないことを恥とする

ものを知らなくても恥ずかしいと思わないことは、最近の若者の弱点のように思います。「そんなことは知りませんけど、それが何か？」と開き直るほどです。

人生は知識・見聞・経験を広げていくプロセスそのものです。「知る」ことの価値を否定すると、生きる意味がわからなくなってしまいます。

過去の蓄積を知ることの意味

人生も仕事も、判断することの連続です。そのときに多くのことを知っていないと、それだけ選択肢が少ないわけですから、最善の行動をとることができません。そんな状態で、仕事で独創性を発揮しようなど、ムリな相談です。これまでにない新しいものを創りだすには、多くを知っていることが大前提なのです。

たとえば典型的なのは、ろくに世界文学も読まずに「作家になりたい」などと平気で言うようなことです。いつの時代も作家たちは古今東西の世界文学をたくさん読んで、独自の小説を書いてきました。だからこそ文学は発展してきたわけです。

それはあらゆるジャンルの仕事に共通すること。過去のすばらしい仕事の延長線上にいまの自分の仕事があることを意識してやるからこそ、改善や工夫を加えながら、仕事の質を高め、バリエーションを増やしていくことができるのです。

多くを知り、相場を知る

多くを知っていると、自分がやるべきことの相場がわかります。どう行動するのがベストか、だいたいの見当がつけられるのです。福沢諭吉も「いろんなものの相場を知ることは大事だ」と言っていますが、それは現時点における最善を選んで行動する能力が磨かれるからにほかなりません。

その意味で私が感心したのは、コピーライターの仲畑貴志さんが自分の事務所の採用面接でしたこの質問です。

「あなたがいいと思うコピーを十個言ってください」

このときに十個挙げられないようであれば勉強不足。挙げられても、そのコピーがセンスのないものであれば、その人に見込みはない。この質問は「自分にこうなりたいというものがあるならば、たくさん勉強をしなさいよ。そうしてセンスを磨きなさいよ」というメッセージでもあるのです。

多くを知り、相場を知ることは、仕事をする基本とも言えるものでしょう。

16 ひたすらに学問に打ち込む人はなかなかいない

（泰伯第八　一二）

三年学びて穀に至らざるは、得やすからざるのみ。

【訳】　長年学問をしていて、官職を得て俸給をもらおうとしない人はなかなかいるものではない。ひたすら学問に打ち込む人がもっと出てきてほしいところだが。

自分に投資する

この言葉は、多くの人が焦って労働に対価を求めようとする、その息の浅さを孔子が注意しているものです。もちろん、働けば報酬を得るのは当たり前なのですが、そればかり考えていると、学ぶことがおろそかになるというのです。

ここはユダヤ人流に、「二十代・三十代の若いうちは、儲けることを考えないで、自分に投資し続けよ。そうやって努力していれば、四十代以降に花開く。若い時代の薄給を一気に回収して余りある大きな報酬が得られる」と捉えてはどうでしょうか。

三十代の前半くらいまでを自分の土台づくりに充てようと決めれば、報酬の多い少ないを気にして焦ることはなくなるはずです。

目的のない勉強もいい

実際、労働対価を視野の外に置き、学ぶことに軸足を置いて仕事を続けていると、そこで得た知識・経験が後で生きてくることは多いような気がします。

たとえば福沢諭吉は『福翁自伝』のなかで、「難しいものなら読んでみよう」「苦い薬なら飲んでやろう」というような気概を持って、オランダ語を学んだと述べています。これは言ってみれば、目的もなければ、お金にもならない勉強です。それでも福沢は、目的なしの勉強こそ本当の勉強と言いきります。目先の利益にとらわれず、勉強を徹底的にやる。そうすることで精神が強くなり、将来の大きな報酬につながることもあります。

何も勉強に目標は不要だと言いたいのではありません。むしろ、あったほうがいい。たとえばビジネスパーソンのなかには、社会人を数年経験してから、次のステップに進むためにあえて学生に戻る人もいます。学問的バックボーンがあったほうが、より高度な仕事ができるという判断でしょう。

そんなふうに勉強を自身の成長のワンステップと捉えるのが、自分に投資するということなのです。

「すぐにお金になる仕事を」と、時給で仕事を選ぶ人も少なくありません。やむをえない事情があるにせよ、「自分の時間を売る」感覚だけではダメです。結局、専門的な力量が身につかず、生涯賃金の単位時間収入を減らしかねないからです。

時給仕事を転々とする場合でも、たとえば「この仕事はちょっと時給が安いけれど、経験しておけばこういう力が身につく」というように、自分への投資になるかを意識することが大切です。会社内でも経験知を増やすよう仕事を求める。

「経験知が報酬だ」と考えると、姿勢が前向きになります。

17 売ろう、売ろう。私はよい値で私を買う人を待つ者だ

（子罕第九　一三）

子貢曰わく、斯に美玉あり、匵に韞めて諸れを蔵せんか、善賈を求めて諸れを沽らんか。子曰わく、

これを沽らんかな、これを沽らんかな。我れは賈を待つ者なり。

【訳】　子貢が先生に出仕の意思があるかを聞こうと、たとえ話にしてこうたずねた。「ここに美しい宝玉があるとします。箱に入れて大切にしまっておくのがよいでしょうか、それともよい値で買ってくれる人を求めて売るのがよいでしょうか」先生はこう答えた。「売ろう、売ろう。私自身もよい値で自分を買う人を待つ者だ」

頼まれた仕事は何でもやる

これは孔子の人柄がよく出ている言葉です。イメージとして孔子は聖人君子の偉い先生で、「箱に大切にしまわれている宝」のようですが、ちょっと違います。もちろん偉い先生なのですが、職の面では大勢の弟子を引き連れて就職先を求めて諸国を放浪しているようなもの。「自分を買ってくれる人がいるなら、どんな仕事だってやりますよ」くらいの勢いで勉強をしていたのです。

上司を顧客と見立てる

漫画家のしりあがり寿(ことぶき)さんは「仕事がこないという状態が怖い」ので、オファーがあれば基本的に引き受けるそうです。「一度断ったら、次はないかもしれない」ところで踏ん張って、仕事を次々とこなすなかで自分の技量を上げ、信用を得つつ人脈を広げて、仕事の質を高めていくサイクルを回していく。その辺がフリーの方の強さでしょう。

この考え方はビジネスパーソンにも応用できます。たとえばドラッカー流に、上司を自分の仕事を買ってくれる顧客に見立てる。それだけで、ちょっと意識が変わります。それによって上司の求めを敏感に察知して動こうとか、叱られてもクレーマーに対処するように

「ごもっともです」と謙虚に受け止めて善後策を講じる、あれもこれもと仕事を頼まれても「売らんかな、売らんかな」と引き受けてこなすなど、動き方まで違ってきます、そこに上司批判が入り込む余地はありません。

そもそも「仕事は忙しい人に頼め」というのがビジネス界の鉄則。忙しい人ほど有能だし、締め切りを守るからです。「自分のやる仕事じゃない」とか「忙しくてこれ以上はムリ」などと言っていると、無能の烙印（らくいん）を押されるだけなのです。

社内で良い買い手を探す

自分の仕事を買ってもらうのを待つだけではなく、自分から良い買い手を求めて営業することも大切です。何も高度な仕事でなくていい。コピー取りのような雑用に類することでも、「私、やります」と売っていく。そういう姿勢でいると、何か仕事が生じたときに上司から名指しで「じゃあ君、これをやってくれる？」というオファーがくるものなのです。

三十代の成長には「雑用を通して信用を得るステップ」というものもあります。雑用を軽んじるなかれ。私だって五十を過ぎてもコピー取りをしています。

18 「知」「仁」「勇」の三つの徳

知者は惑わず、仁者は憂えず、勇者は懼れず。

（子罕第九　三〇）

【訳】 知者は迷いがない。人格の優れた仁者は憂いがない。勇者はおそれがない。

「知仁勇」を人間性の柱にする

ここは「知仁勇」と、セットで言葉としてさっと覚えてしまうのがいいと思います。この三つの徳を人間性の柱にして、バランスをとって行動するよう心がけると、人生も仕事もうまくいきます。一つひとつ、見ていきましょう。

知力の優れた人は頭の整理ができている

「知者」とは、わかりやすく言えば「頭のいい人」。いろんなことを知っているというだけではなく、いろんな知識が頭のなかできちんと整理されている感じです。だから、論理的に話すこともできるし、判断に迷うこともあまりないわけです。

この「頭のなかを整理する」という感覚は、非常に大事です。仕事の優先順位を決めるにしろ、さまざまな考え方を類型立てながら論理を組み立てるにしろ、整理と分析がきちんとなされなければ判断力の発揮のしようもありません。逆に言えば、判断力は頭の整理によって生まれる、ということです。

また人間関係でも、いろいろと迷いが生じるのはたいていの場合、頭の整理不足が原因です。たとえば「以前自分を好きだと言ってくれていたあの人と結婚しようかな。そもそも結婚をしたほうがいいのかな」と際限なく迷っていた女性がいました。彼女に必要なのは「知の人になって、考えを整理する」ことです。いまその人とつき合っているのか、その人が自分に結婚をほのめかしたことがあるのか、自分はその人に結婚したいという意思を示したのか、その人のほかにも気になる人がいるのか……どうもはっきりしない。それで「いま、電話して聞いてみたら」とアドバイスをしたところ、第一候補の彼は別の女性とつい最近婚約したとわかった、という例もあります。

社内の人間関係もそうですが、自分のなかで悶々と考えているだけでは悩みは解決しません。何事につけ、判断を迷うときは「知の人」になってみることが、ムダに迷わないためのポイントと言えるでしょう。図にして描いてみると、思考がくっきりします。

周囲への気づかいと寛容さが自分のストレスを減らす

「仁者」は人に対する思いやりのある人を意味します。たとえば以前NHKの『プロフェッショナル』に出ていた俳優の故・高倉健(たかくらけん)さんのような人でしょう。彼は周りのスタッフを実にこまやかに気づかっていて、「映画はスタッフのものです。主役の一番ラクしている自分が一番目立って、いい思いをするのは申し訳ない。若いうちはわからなかったけれど、支えてくれるスタッフの情熱で映画ができていると思う気持ちが、年々強くなりました」というようなことを語っていました。

高倉健さんのように、周りの人たちと一緒に何かをやっていくという思いがあると、何か心配事が生じても自分一人の悩みではなくなります。だから憂いなく、ゆったりと構えていられるのです。

そこにはまた、寛容の心というものもあります。少々のことは「まぁ、いいか」と許していける心の余裕ですね。私などは百人の学生のうち一人でも「授業がおもしろくなかった」という感想を言うと、「もう教えたくない。ヤんなった、ヤんなった」となるほうなので、まだまだ仁の心が足りないのですが。

人は自分の思い通りにならないことがあると、憂えるものです。それは人に対して寛容ではないところから生じます。「まぁ、いいか」とつぶやいてみると、ちょっと気持ちがホッとします。

少量の勇気が悩みの突破口を開く

「勇者」とは文字通り、勇気のある人。とは言っても、蛮勇(ばんゆう)である必要はなく、少量の勇気があれば十分ではないかと思います。

迷ったときに行動する。これも「勇」です。「科学には失敗はない。探究があるだけだ」

という実験精神も「勇」です。

何か迷いがあったときに、思いきって上司に相談してみる。誰かがいじめられているのを見たときに、傍観者にならずに止めに入る。不正に直面したときに、見過ごさずに意見を具申する。そういったことができる人は、恐れに苦しめられることがありません。現代ならば「公共心」と言い換えてもいいでしょう。

19 功を焦らず、目先の利益にとらわれない

（子路第十三 一七）

速かならんと欲すること毋かれ。小利を見ること毋かれ。速かならんと欲すれば則ち達せず。小利を見れば則ち大事成らず。

【訳】早く成果をあげようと思うな。目の前の小さな利益に目を奪われるな。成果を急げば達成しない、小利に気をとられれば大事を成し遂げることはできない。

気持ちの焦りはつまずきのもと

これは「急がば回れ」とか「急いては事を仕損ずる」といった諺にも通じる考え方です。功を焦るな、目先の利益にとらわれるな、ということです。

物事を達成するのに〝速成〟はない

かつて、「ビリーズ・ブート・キャンプ」というエクササイズが大流行しました。「すぐに痩せられる」というので、多くの人が飛びついたのです。しかしいま、とんと話題を聞かなくなりました。あのエクササイズを続けている人はあまりいないのではないでしょうか。白状すると、私もアレを購入した一人です。あまりにも動きがハードで、「そりゃ、痩せるよね」とは思いましたが、続けることはできませんでした。

こういう〝ビリー現象〟のようなものはよくあります。英語を上達させたいといろんな教材に手を出すのもそう。数学でいきなり「微分積分を一週間で学ぼう」としても、小学校の足し算からずっと積み上げてきた知識がなければ不可能なように、結果的にうまくいくことはまずありません。何事につけ〝速成〟を狙うと、目標は達成できないものなのです。

時間をかけて積み上げてきたもので勝負する、それが大事を成す王道なのです。

評価されるには少なくとも三年かかる

孔子が問題にしているのは、すぐに功を成し遂げたい、すぐに結果を出したいと思うあまり生じる「気持ちの焦り」です。その焦りがあると、目先の利益にとらわれて、大事を成し遂げられないということも起こるのです。

たとえば「最近の若い人たちは三年、いや一年ともたずに会社を辞める」とはよく言われることですが、その原因の一つは「自分を認めてもらえない」ことにあるような気がします。彼らは「いまやっている仕事ですぐに評価されたい」という気持ちが強いのでしょう。だからイヤになってしまうのです。

本来、会社では「三年勤めて認められるようになる」というのが当たり前でした。一年以内で評価するのは難しいからです。「石の上にも三年」という言葉には、そういう意味も含まれているわけです。

成功というのは、功を焦らずにコツコツ仕事をする先に開けてくるもの。腰を据えてじっくりと、仕事の実績を積み上げていく「**小利を見ること毋かれ**」でいきましょう。

20 中庸の徳は最上のもの

（雍也第六　二九）

中庸の徳たるや、其れ至れるかな。民鮮なきこと久し。

【訳】　過不足なく極端に走らない。〈中庸〉の徳は、最上のものだね。けれども残念ながら、人々が中庸の徳を失って久しい。

何事もバランスが大事

「あなたは何を大切にして生きていますか？」と問われて、「中庸の徳です」と答える人はまずいないと思います。でも孔子が**「其れ至れるかな」**と言うくらい、「中庸の徳」は大事なものなのです。これからの人生の指針として、「中庸」という言葉を覚えておくとよいでしょう。

「中庸」と「真ん中辺り」は違う

たとえばモノの価格を決めるとき、「五百円では安すぎる。千五百円では高すぎる。じゃあ、中をとって千円にしよう」としたとします。この考え方は「中庸」とは言いません。だいたい五百円、千五百円の設定だってとくに根拠のあることではありませんから、実のところ「中をとる」意味はないのです。

この場合、一番いい決め方は、そのモノの原価と売り手が取りたい利益、消費者が「その値段なら買う」と思ってくれる金額などを考え、ちょうどバランスのいいところで適正価格をはじき出すことです。この適正価格が中庸に相当します。

商売ではこれが当たり前に行なわれるべきですが、必ずしもそうなっていません。近ごろの安売り合戦がそうです。「どこよりも安く」とモノの価格をどんどん下げると、売り手は利益が減るし、消費者も一見トクなようでいて、やがては企業の売上減少にともなう不景気が生じて自分の給料に跳ね返る事態に直面します。すべては、適正価格というバランスが崩れることが原因です。

ですから「中庸」とは、「バランスのとれる絶妙のポイント」と捉えることができます。ようするに、「極端に走らない」ということです。

目指すべきはハイレベルな中庸

ただし、極端でないだけだと、「ふつうの状態」を保つ感じになってしまいます。この「ふつう」というのがけっこうやっかいです。ふだんはそれでいいのですが、プレッシャーのかかる状況になったときに、闇雲に突っ込んでいくか、恐れて何もできなくなってしまうか、どちらかの極端に走る恐れがあるのです。

そうならないよう、三十代のみなさんに目指してほしいのは、もっとレベルの高い中庸です。

たとえば柔道でオリンピック三連覇を果たした野村忠宏(のむらただひろ)さんと対談した際、「自分は非常に臆病で、負けたときのことばかり考える」と話されていました。けれども不安がたくさんあればこそ、「こうしたら、こうやられる」というマイナスの局面を想定し、勝つための守りや攻めをシミュレーションしながら練習を重ねる。すると、いざ本番の畳(たたみ)に上がるときには「金メダルが似合うのは自分しかいない」と信じて、試合に挑むことができるそうです。

これはものすごく極端なようですが、実はハイレベルな中庸です。野村さんは実は練習のなかで「絶対に負ける」と「絶対に勝つ」という極端と極端の間を行ったり来たりしながら、レベルの高いところでバランスをとっているわけです。

このように、仕事のレベルが高くなればなるほど、絶妙なバランスのとれるところを探す作業そのものが自分のワザを上げていくプロセスになります。

「中庸」については、アリストテレスも『ニコマコス倫理学』のなかで、同様のことを言っています。「超過と不足の間に絶妙のバランスのものがある」と。そういう〝ヤジロベエ感覚〟のようなもので判断していくと、〝中庸センス〟が磨かれます。

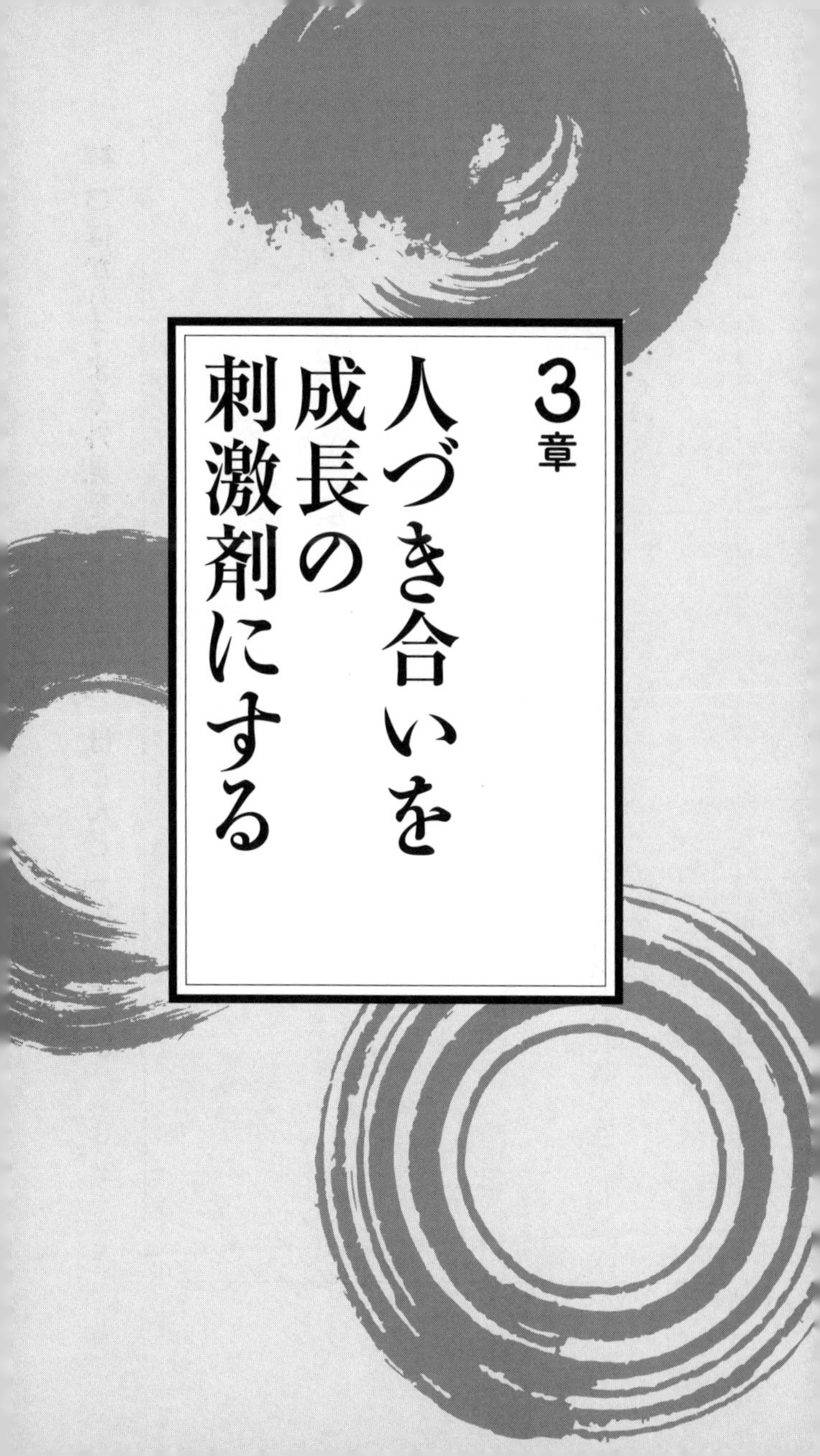

3章 人づき合いを成長の刺激剤にする

21 口ばかりうまく外見を飾る者には、ほとんど「仁」はない （学而第一 三）

巧言令色、鮮なし仁。

【訳】 口ばかりうまくて、外見を善人らしく取り繕う者には、ほとんど〈仁〉はないものだ。

人に信用されるには「有言実行」

調子のいいことばかりペラペラしゃべる人は誠実さに欠けるから、孔子は好きではなかったのでしょう。

「子路第十三　二七」には、「**剛・毅・木・訥、仁に近し**（欲に左右されない〈剛〉、志があり勇敢な〈毅〉、かざりけがなく質実な〈木〉、心に思うところはあるが口下手な〈訥〉。この四つの資質は〈仁〉に近い）」とあって、やはり質朴で無口な人に信を置いていることがうかがわれます。

安請け合いしない

いまの時代は、とくに仕事においては「上手にしゃべる」ことも重要な一つの資質です。ですから孔子の言葉を「しゃべらないようにする」と解釈するのではなく、「安請け合いをしない」と捉えるのがいいでしょう。

何か依頼を受けたときに、「大丈夫、大丈夫。やります、できます」とつい安請け合いをして、結果的にできなかった、というようなことはよくあります。理想ともいえるマニフェストを掲げて当選したものの、あまり実行できずに信用を失墜させることもあります。友人との飲み会で「僕が店を予約しておくから」と言っておいて、何もやっていなかった、ということもあります。

そんなふうだと、「あの人の言うことは信用できない」となりますので、できるかどうか怪しいときは、負の見通しも含めて説明することが必要です。調子のいい、浮ついた感じが人に好印象を与えることはまずありません。「できない約束はしない」が基本です。

言葉を口に出す前に一度反芻する

かといって慎重すぎるのも考えもの。ちょっとテンションを上げて、感じよく上機嫌でいて、有言実行で実績を積み重ねていくのが理想的です。

いまの政治家を見ていてもわかるように、言ってはならない一言を言ってしまう「失言」ほど怖いものはありません。とくにネット社会では、多くの人の不評を買う失言をしてしまうと、一斉に完膚(かんぷ)なきまでに叩かれる場合があります。下手すると、これまで自分が築き上げてきた信用を一気に失うこともある。そのくらいの恐れを持って、うかつなことは言わないよう努めなければいけません。

そのためには思ったことをすぐに口にするのではなく、その前に一度、自分のなかで言葉を反芻(はんすう)することです。メールでは「送信前にもう一度読み直す」習慣が身を救います。

22 人を理解することを心がけよ

（学而第一　一六）

人の己れを知らざることを患えず、人を知らざることを患う。

【訳】自分をわかってもらえないことを嘆くより、自分が人を理解していないことを気にかけなさい。

〝ほめグセ〟をつける

自分を理解してもらいたい、評価してもらいたい、という気持ちは誰にでもあります。二五〇〇年前の孔子の時代からそうだったことを考えると、その気持ちをなくすのは難しいことでしょう。

けれども評価してもらえないことに対する不満なら、減らすことができます。孔子が言うように、人を理解する、もしくはほめることを心がければいいのです。

自分へのほめ言葉として返ってくる

自分が評価されないことを不満に思う人は、「あなたは人を評価していますか？」とたずねると、ほとんどが答えに窮するのではないでしょうか。

周りの人をよくほめる人は、自分もほめられるものです。人をほめると、それが巡り巡って自分へのほめ言葉として返ってくるのです。なぜなら、ほめられた人はほめてくれる人に好感を持ち、自分も相手をほめようという気持ちになるからです。

私は「ほめることこそ、社会を明るくする」と考えています。いまの日本では「ほめてもらいたい」という需要が圧倒的に増えていて、〝ほめコメント〟の供給がまったく足りていない気がするのです。「ほめコメ」の需給のアンバランスが日本人の不満の中心にあると言ってもいいでしょう。

まずは周りの人を何かにつけてほめることをおすすめします。といってもお世辞は通用しませんので、相手のほめられたいポイントを見抜いて、そこをほめていく。すると、だんだんに人を見る目も肥えてきて、ほめ方も的確になります。

ほめることで教養の幅が広がる

ほめるといいのは、人に対してばかりではありません。意外にも、教養の幅を広げることにも役立ちます。たとえば「自分には絵を見る目がない」と感じていたとします。多くの場合、それは絵を知らないことから生じます。そこで美術館に行って、見る絵を片っ端からほめてみる。すると、だんだんに絵の良さがわかってくるのです。

私もはじめ現代の抽象画の良さがまったくわからなかったのですが、連れと「これ、ただ絵具をぶちまけただけのようだけど、別のものに見えてくるね。作為がない分、存在感が出ている」などと適当にほめながら見るうちに、苦手意識が払拭(ふっしょく)されました。音楽でも文学でも何でも、自分が苦手だったものに「ほめる」という視点で取り組むと、見る目が育つようです。ぜひお試しあれ。

23 人の本質がはっきりする三点とは？

（為政（いせい）第二 一〇）

其（そ）の以（な）す所（ところ）を視（み）、其（そ）の由（よ）る所（ところ）を観（み）、
其（そ）の安（やす）んずる所（ところ）を察（さつ）すれば、
人（ひと）焉（いずく）んぞ廋（かく）さんや、人（ひと）焉（いずく）んぞ廋（かく）さんや。

【訳】その人がどう行動しているか、何を由（よ）りどころに生きているか、何に満足するか。この三点がわかれば、その人物の本質が、はっきりする。決して隠せるものではない。

人を見抜く目を持つ

「日本資本主義の父」と呼ばれる渋沢栄一は、『論語』を軸において多くの企業の経営に尽力した実業家として知られています。著書に『論語と算盤』があり、これはぜひ読んでいただきたい一冊です。その本のなかで渋沢栄一はこの言葉を「人物鑑識眼として非常に役立った」と言っています。どういう経歴の持ち主か、何を拠りどころにしているか、自分の満足のために何を求めているか。その三点から人を観察すれば、相手がどんな人物であるかが自ずと露わになるというのです。

それを誰も「隠せない」というのがおもしろいところです。採用や人事など、人を見抜くときにはこの三つのポイントを押さえるといいでしょう。

24 君子は幅広く親交を持つ

（為政第二 一四）

君子は周して比せず、小人は比して周せず。

【訳】 君子は幅広い人たちと親交を持ち、限られた人とだけなれあうことはない。小人は狭い範囲でなれあい、広く人と親しもうとしない。

特定の人とつるまず、世間を広くする

切磋琢磨していける仲間ならいざ知らず、何となくグループ化して、人間関係がそこで閉じてしまうような形は好ましくありません。なれあいのグループは周りの人たちを排除する傾向があって、世間が広がらないのです。

孔子はそこに警鐘を鳴らし、「いろんな人と広く親しみなさい」と言っています。

知り合いが増えると、そこがホームグラウンドになる

明治大学に勤めて一年目、やたらと教員同士の飲み会が多かったことを覚えています。私も嫌いなほうではないので、億劫がらずに努めて顔を出していました。そうしてたいがいの人と知り合いになったおかげで、その後の仕事がとてもやりやすくなりました。そんな経験からも、とくに若いうちは会社の飲み会とか催し物、部をまたがる活動などに、どんどん参加することをおすすめします。

会社というのは、そこにいる人間の総和が雰囲気をつくっています。そこに知り合いが多いと、自分のホームグラウンドのような居心地のいい空間になるのです。私なども明治大学の建物に入ると、それだけでホッとするくらいです。

たとえばサッカーなどでは、ホーム&アウェイ方式といって、互いのグラウンドで同数の試合を行ないます。ホームとアウェイではチームの力の発揮のされようがまったく違ってくるから、平等にやりましょうということです。

ホームグラウンドの良いところは、選手たちが雰囲気に親しんでいる分、より攻撃的にプレイできるところ。会社も同じで、〝ホームグラウンド感〟が強く持てれば持てるほど、伸び伸びと仕事に取り組むことができるわけです。

なれあいから進歩は生まれない

しかし、お昼も一緒、お茶するのも一緒、酒を飲むのも一緒……そんな具合に、いつも同じメンバーとつるんでいるのは感心しません。どうしてもなれあいが生じ、刺激を受けるチャンスが減ってしまうからです。そこに進歩はありません。「いつも違う人とランチしているね」「いろんな人と飲みに行くんだね」「上司と二人でも飲みに行くんだ、君は」などと言われるくらいでちょうどいい。

最近は、フェイスブックなどを通して、尋常(じんじょう)でないほど人脈を広げている人がいます。それを悪いとは言いませんが、リアルにつき合っている人がいないのでは意味がありません。リアルに世間を広げていくことが望ましいでしょう。

25 利益ばかり考えて行動しているとうらまれる

（里仁第四　一二）

利に放りて行なえば、怨み多し。

【訳】　自分の利益ばかり考えて行動していると、人からうらまれることが多くなる。

利己的なふるまいは必ずバレる

自分がトクするかどうかを基準に行動する人は、隠しているつもりでも、意外と人に見られているものです。だから「あいつは自分のことしか考えていない」と、すぐにバレます。

北野武（きたのたけし）さんと雑談していたとき、「お金の面だけはきれいにしなきゃダメだね」と話されていたのが印象に残っています。結果的に仲間を失うことになります。

利己的なふるまいでよくあるのは、面倒くさい仕事は人に押しつける、というものです。この場合の「利」は、自分がサボれることにあります。押しつけられたほうは「自分ばかりがたくさん仕事をさせられて、不公平じゃないか」と、うらみもするでしょう。けれども、その辺はあまり気にしないことです。

「働きアリの法則」をご存じですか？ 働きアリはみんなが働き者のようですが、実は真面目に働いているのは常に二割だといいます。その二割の働きアリもほかの集団に入って働いているアリがいると、働かなくなる。逆に、働かなかったアリだけを集めると、そこから働くアリが出てくる。そういう不思議な法則があるそうです。

会社でもよく「二割の人が八割の利益を生み出す」などと言われます。ここは「仕事は能力のある人に集中する」と割りきるのが賢明というものでしょう。

みんなでカバーするのが日本的チームワーク

二〇一一年のワールドカップで優勝したなでしこジャパンは、当時の宮間あや主将によると、「勝つために泥くさく戦う」チームだといいます。きれいにパスを回すのではなく、常に「あの子を助けなきゃ」という思いで誰かが誰かのカバーに入りながら、必死に守って、守って、守り抜くスタイルで勝ち上がったといいます。

そこに私は日本的なチームワークを見る思いでした。というのも、自分の利益など眼中にない、つまり**「利に放りて行なえば、怨み多し」**という『論語』のこの教えを実践している人たちの集団だと感じたからです。

日本は『論語』の精神が一番生きている国です。近ごろは『論語』を知らない人が増え、その精神性が薄れてきたとはいえ、歴史のなかで脈々と生き続けている論語精神もある。その一つが「自分の利益によらずに行動できる」ことだと思うのです。

そういう日本的なチームワークの強さを、仕事でも発揮していきたいところ。三十代はそのリーダーになるときです。

26 礼をもって教えを求める人には教える

束脩を行なうより以上は、吾れ未だ嘗て誨うること無くんばあらず。

（述而第七　七）

【訳】　人に教えを求めるときには、最も軽い手みやげである乾肉十本くらいは持っていくべきだ。そういう最低限の礼をふまえた者ならば、私はこれまで教えなかったことはない。

身銭を切って教えを請う

孔子は何も手土産が欲しいのではなく、教えてもらう側として礼を尽くしなさい、ということです。当時はそれが束脩（そくしゅう）、乾肉一束だったわけです。

この束脩の意識は現代にも通用するものです。

上司や先生に何をか教えてもらいに行くとき、相手の好きなお菓子やお酒などを持参する。あるいは飲みに誘って、「今日は授業料ということで、私に払わせてください」と申し出る。

こういった礼の尽くし方を覚えると、上との人間関係が良くなります。礼儀というのは相手への気づかいです。仕事だけではなく、パーティに招かれたり、友人・知人の家を訪問したりするときにも手土産を習慣にするといいでしょう。

27 三人で行動したら、必ず師を見つける

我れ三人行なえば必ず我が師を得。其の善き者を択びてこれに従う。其の善からざる者にしてこれを改む。

（述而第七　二一）

【訳】私は三人で行動をともにしたら、必ずそこに自分にとっての師を見つける。善い者からはその善いところをならい、悪い者については自分がそうならないように反省して修正する。我以外皆師なのである。

誰からでも学ぶことができる

小さいころ、父の書棚に吉川英治の『われ以外みなわが師』という本を見つけて、「立派なことを言う人だなぁ」と感銘を受けたことを覚えています。孔子のこの言葉も同じです。自分以外はみんな優れているということではなく、優れた人にもそうではない人にも学ぶところがあるとしています。

ダメな人のダメなところはどこだ?

仕事が遅いとか、ミスが多いとか、能力の低い人が周りにいると、自分がそのとばっちりを受けて「もう、やってられないよ」と思うことがあるかもしれません。でも「人のふり見て、わがふり直せ」で反面教師にすると、自分の成長のチャンスに変えることができます。具体的には、まず「どうして、この人はダメなんだろう」と考える。すると、ここがダメ、あそこがダメ、というふうに〝ダメ項目〟をリストアップできます。そのリストを自分の仕事のチェック項目として生かすようにすると、自分自身のミスも減っていきます。仕事の能力がより高まるわけです。

それは非常に気持ちのいいことです。あわせて、優れた人のいいところをマネするように努めると、いっそう能力に磨きがかかるというものです。

自分の苦手と人の得意をすり合わせる

人から何かを学ぶときは、その人をトータルに見るのではなく、個々の技術において自分より優れているか、劣っているか、という視点を持つといいでしょう。

でないと、チームのなかで自分が総合力で一番優(すぐ)れている場合、人から学ぶことが難しくなります。私自身、学生時代にテニスをやっていて、自分で言うのも何ですが、先輩を含めて部内の誰よりもうまいという状態が続いていたことがあります。最初は「これじゃあ、自分の力を伸ばしにくい」と落胆したのですが、すぐに考えを変えました。私がすべての技術において誰よりも上ということはなく、自分が苦手としていることを得意としている人がいると気づいたからです。

こんなふうに、自分の苦手と人の得意をすり合わせて考えるようにすると、レベルがあまり高くない集団のなかでも自分を磨いていくことが可能になります。仕事でもプライベートでも、たとえば営業トークはこの人、飲み会の段取りはこの人、異性の友だちをつくるにはこの人、といった具合に分野ごとにたくさんの師を見つけて、常にくっついて回ってワザを盗むのも自分を磨く一つの方法です。

28 分限を守ることが大切だ

其の位に在らざれば、
其の政を謀らず。

（泰伯第八　一四）

【訳】自分がその地位、役職にないのであれば、その仕事には口出ししないことだ。分限を守ることが大切である。

地位に応じた発言をする

会社の決定や上司の判断など、自分に決定権のないものに関しては、あれこれ意見をせずに従いましょう、ということです。もし、その決定を変えたいのであれば、自分がそのポジションに上がればいい。それが孔子の考え方です。もちろん、意見を求められた場合は、その限りではありません。これは〝事なかれ主義〟ではなく、地位に応じて自分の仕事を執り行なうことが重要だとする組織論に近いものでしょう。

その立場にならなければわからないことはあるものです。会社や上司の決定に対して不満があっても、孔子の言葉に従って「いまの自分の立場で異を唱えてもしょうがない」と考えると、案外心が落ち着くのではないでしょうか。

29 有益な友と、有害な友

益者三友、損者三友。
直きを友とし、諒を友とし、多聞を友とするは、益なり。
便辟を友とし、善柔を友とし、便佞を友とするは、損なり。

（季氏第十六　四）

【訳】　有益な友に三種、有害な友に三種ある。人間のまっすぐな〈直〉なる友、誠実な友、知識のある〈多聞〉の友は有益だ。反対に、まっすぐものを言わないで追従する友、裏表があって誠実でない友、口ばかりうまい友は有害だ。

向上心のある人を友だちにする

三十代は社会人として一流になっていこうとする時期です。友だち選びもそれ相応に、「自分を成長させてくれる人」という観点から友だち選びをすることが必要でしょう。

そのポイントがここで言う「**益者三友**(えきしゃさんゆう)」。三十代に当てはめれば、自分の成長の刺激剤となってくれる「向上心のある人」と捉えてよいと思います。

友だちづき合いに濃淡をつける

2章の「三十にして立つ」のところで、三十代は社会人として、また家庭人として一人前になることを目指そう、というような話をしました。その意味では、すでに一人前になってがんばっている人を友として濃くつき合う。一方で「学生時代の延長で会ってはいるけれど、向上心が刺激されない」と感じるような友とのつき合いを薄くする。切る必要はないのです。ゆるい関係の友だちが、中高年になったときにラクでいい、ということもありますから。つまり友だちによって、つき合いに濃淡をつけるのがいいのではないかと思います。

向上心とは関係のないつき合いもまったく意味がないわけではないので、そのなかで精神的にラクになれる友だちは確保しておく。そのうえで「どういう人とつき合うと、自分は成長できるのか」を考えながら新しい出会いを求めていく。それが三十代の友だちづくりだと思います。

基準は、まっすぐで、誠があり、いろいろなことをよく知っている（多聞）かどうか。裏表のある人は避けるのがいいと孔子は言っています。

経験値の高い年上の人に学ぶ

また孔子が「物知りの人を友だちにするといい」と言っているように、自分より経験値の高い、一回り・二回り年上の人から学ぶ、という交友関係も有益です。

たとえば歌手の井上陽水さんは、麻雀の強い作家の阿佐田哲也さんと雀卓を囲む交流を通して、人生観やものの考え方などを学んだそうです。すでにビッグな人でも、何かで自分より優れた人を見つけて、つき合ってもらうことをしているわけです。

三十代の人には陽水さんのように「達人に取りついて学ぶ」ことにもトライしてほしいと思います。友だちというと同年代をイメージしがちですが、その年齢枠を一気に広げてみると、自分の未熟さがわかって、いい刺激になるはずです。

30 徳のある人は孤立しない

（里仁第四　二五）

徳は孤ならず。必ず鄰あり。

【訳】〈徳〉にはいろいろあるが、ばらばらに孤立してはいない。一つを身につければ、必ず隣り合わせにある徳もついてくる。徳のある人は孤立せず、その人を慕って人が集まる。

〝芋づる式〟に人間性を身につける

孔子が立派な人物の持つ徳としている仁義礼智のうち、たとえば「礼を身につけよう」と思って、まずは挨拶をきちんとすることを心がけたとします。それが身につくと、自然と人に対して気づかいができるようになったり、人間関係が広がったり、信頼されるようになったりします。

このように挨拶一つから、いろんな人間性の良さが〝芋づる式〟に身につきます。

コミュニケーション能力を鍛える

この〝芋づる式〟の恩恵を受けるには、勉強も有効な手段になります。勉強は知力を鍛えるもので、それによって善悪の判断力がつき、「勇」とか正義感の「義」などの徳がくっついてきます。あるいは、人間に対する深い洞察力が生まれ、やさしさにつながっていけば「仁」が身につきます。つまり勉強は、知力と同時に人間性をも磨くものなのです。

徳というと大きく仁義礼智を考えがちですが、いまの時代ならコミュニケーション力を人間性の一部と捉えるのもいいかと思います。コミュニケーション力は自分の言いたいことをうまく伝える技術というだけでなく、人間性のすべてが関わってくるものだからです。

ここに狙(ねら)いを定めて、「人と話すとき、少しテンションを上げてみよう。声のトーンをちょっと高めにして、明るい表情を心がけよう」と意識する。それだけで人と接する際の妙な構えがとれます。自分だけではなく相手も、心を開いてくれます。結果、異性とも気軽にしゃべれるようになったり、気の利いたジョークの一つも言えるようになったり、相手の気持ちになって行動できたり、いろんな〝副産物効果〟が得られるはずです。

エレベーターでばったり会うとか、小さなチャンスを捉えて人に話しかけるところから始めると、コミュニケーション力＋α(アルファ)の人間性が身につくでしょう。

プロ意識のつながりで「自分の隣の人」をつくる

孔子のこの言葉には、もう一つ解釈があります。それは「人間的にいいところのある人は孤立しない。必ず、友人や仲間ができていく」という読み方です。

私自身は必ずしも友人が多くなくてもいい、どこかにわかり合える人がいればいいのではないかと思っています。ふだんは一緒に仕事をしていなくても、あるいは年に一回会うか会わないかのつき合いでも、会えば互いの近況を語り合い、「お互い、大変だけど、がんばろうね」と言って別れる。そんな知人は「自分の隣にいる人」という感じがして、なかなかよいものです。

その場合のキーワードは「プロ意識」です。二十代のうちは意外と精神が不安定なので、学生時代の友だちを引きずりながら、慰め合いながら仲良くする友人が必要かもしれません。でも三十歳が見えてきたら、そういったなれあいのつき合いはいったん脇に置いて、家族を形成し、仕事をするプロとしての意識を人間関係の軸にするのが本来だと思うのです。

三十代の人にはぜひ、プロ意識でつながるという形で「自分の隣にいる人」をつくるよう努めていただきたいところです。

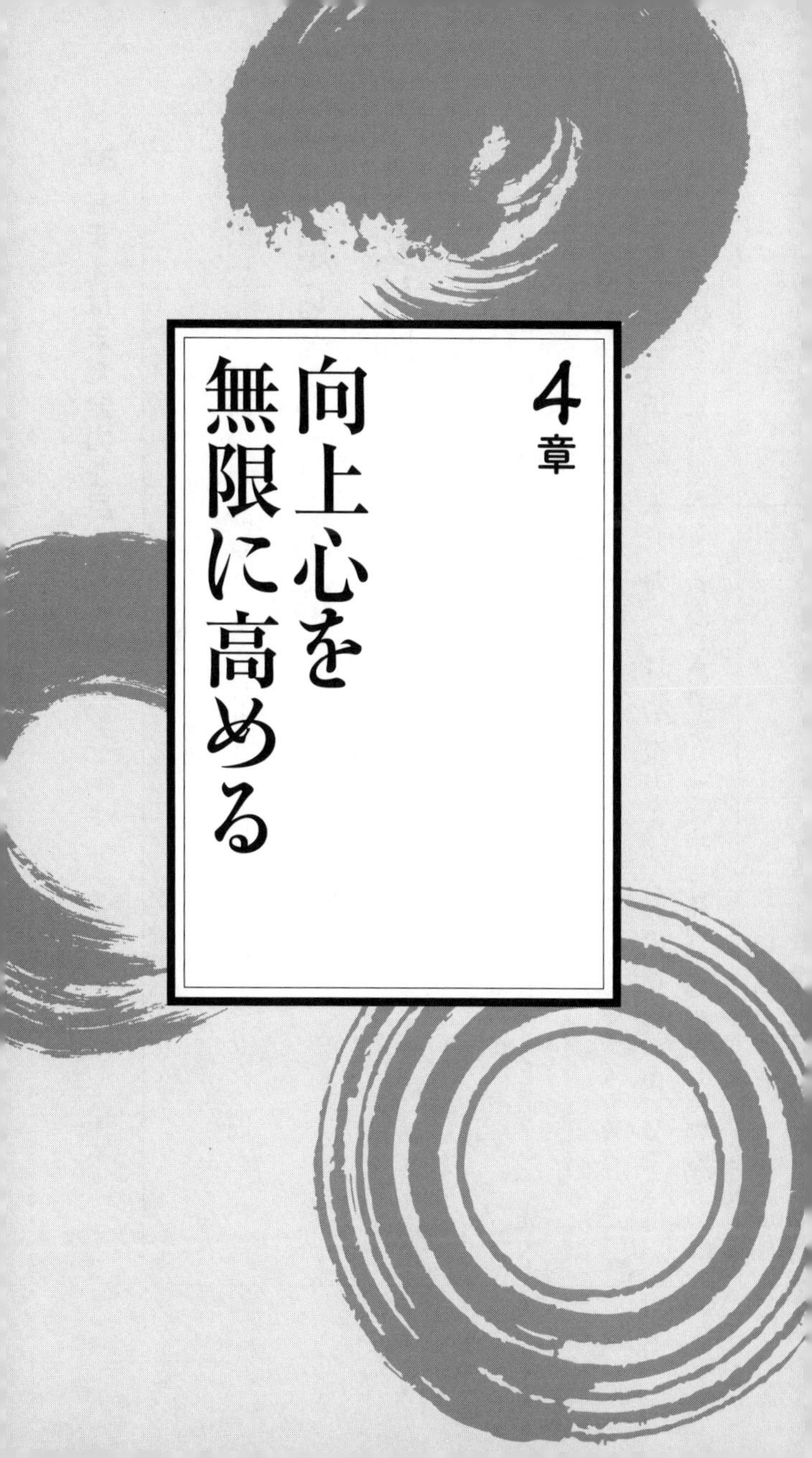

4章

向上心を無限に高める

31 おまえはまだ全力を尽くしていない

（雍也第六　一二）

冉求曰わく、子の道を説ばざるには非ず、力足らざればなり。子曰わく、**力足らざる者は中道にして廃す。今女は画れり。**

【訳】　冉求が、「先生の道を学ぶことを幸せに思っています。ただ、いかんせん私の力が足りず、なかなか身につけるに至りません」と言うと、先生はこう言われた。

「本当に力が足りない者は、やれるだけやって途中で力尽きてやめることになるはずだ。しかし、おまえはまだ全力を尽くしていない。いま、おまえは、自分で自分の限界をあらかじめ設定して、やらない言い訳をしている」

限界に挑戦・突破する心構えが必要

「力が足りないので、自分にはできません」と言う人に対して、これほど強い言葉をぶつける人はあまりいないでしょう。この短いやりとりのなかに、師弟関係の厳しさが凝縮されています。自分が冉求になった気持ちで読みたいところです。

それは謙遜なのか、言い訳なのか

困難が予測される仕事やいまの自分にとってレベルが高すぎると思われる仕事を前にすると、日本人はちょっと謙遜(けんそん)気味に「いいえ、私にはムリです。力不足です」というようなことを言いがちです。

本当に謙遜している場合もあるでしょうけど、たいがいは心のどこかに、その仕事に挑戦したくない言い訳が潜んでいるものです。あるいは「時間がない」ことを言い訳にして、「できません」とすることも多いもの。まず、そこに気づくことが大事です。

なぜなら自分で自分の限界を設定してしまうことによって、成長のチャンスを逃してしまうからです。たとえば水泳の男子百メートル自由形ではかつて「五十秒の壁」がありました。多くの選手がそこを超えるのはムリだと思っていたでしょう。ところが一人がその壁を破ると、次々と五十秒を切る選手が出てきました。これは、限界の設定値が崩れたことで、人の潜在能力が発揮されたと見ることもできます。

あえて厳しい状況に自分を追い込む

とりわけ三十代は、体力的にも精神的にも人生で一番強い時期です。だからこそ、自分が全力を尽くしたら、どこまで成長できるのかを知るためにも、限界に挑戦する意味があります。四十代以降になると、体力が落ちてくるので、徹夜などは避けたくなります。全力を尽くすこと自体が難しくなるのです。むしろ四十代は、三十代で思いきりがんばった余力で、加速していく時代と言えます。

以前のサッポロビールのCMで「大人エレベーター」に乗った妻夫木聡(つまぶきさとし)さんが、四十六歳の階でリリー・フランキーさんに会い話を聞く、というものがありました。そのなかでリリーさんはこう言っていました。

「三十まで引いてた弓が、いま飛んでるって感じかな」

三十代の挑戦は、感覚としてはこの言葉がフィットします。「四十歳までに」と言い換えて、何事にも全力を出しきる。言い訳を封じ込めて挑戦を続ける。そうすれば、四十代をかなり高いレベルで推移させることが可能になります。

32 過ちを正してくれる人がいるのは幸せだ

（述而第七　三〇）

丘や幸いなり、苟くも過ちあれば、人必ずこれを知る。

【訳】私は幸せ者だね。もし私が過失を犯しても、誰かがきっと気づいて教えてくれるのだから。

ミスを素直に認める柔軟さを持つ

この言葉には、前段があります。陳の国の司法官に「魯の国の先代の君主昭公は礼をわきまえていたか」と問われたとき、魯国出身の孔子は「わきまえておられました」と答えました。ところが昭公には、「同姓同士は結婚しない」という周の礼を破って、魯と同姓の呉の国から夫人を娶ったという過去がありました。しかもこれをごまかすために、夫人の名を変えて宋の国の人のように取り繕ったというのです。司法官は「そんな昭公が礼を知っているとするなら、礼をわきまえない人などいない。孔子先生は仲間びいきをするのか」と門人にささやいたのでした。

これを伝え聞いた孔子が、「過ちを正してくれる人がいるのは幸せだ」と言ったわけです。間違いを指摘されて不快に思う人もいるでしょうが、素直に認めるところが孔子の大人物たるゆえんでしょう。

不愉快な刺激もまた刺激である

孔子のように、ミスを指摘されて「私は幸せ者だ」というところまで行き着くのは、ちょっと大変かもしれません。私も大学時代に、ある先生が一つの漢字をずっと読み間違えるので、「先生、それはこう読むんですよ」と指摘したところ、非常にムッとされて、関係がぎくしゃくした覚えがあります。ミスの指摘を不快に感じる人のほうが多いと考えたほうがいいでしょう。

ですから、上司のミスはあんまり指摘してもしょうがないということで、せめて自分は「不快な刺激もまた刺激である」と捉えるように努める。ミスだけではなく、人間は本当のことを言われると怒ってしまいがちなので、ちょっと耳の痛いことや、言われたくないところを突かれたときなども、怒らずに指摘を受け入れる。そうすると逆に、「あの人は器が大きいな」と言われる人物になれます。

また議論などでも、ちょっと反論されたくらいでキレてはいけません。議論とはそもそも反論をバネに進めるもの。日本人は〝反論耐性〟が弱いので、意識して強化し、心を柔軟にしていく必要がありそうです。

ミスがあったら、サッと謝る

大事なのは、ミスに気づかされたら、あるいは自分で気づいたら、体裁が悪いとか、プライドが許さないなどと思わずに、サッと謝ってしまうことです。「ああ、すみません、私の間違いでした」などと言ってしまうことによって、社内的にも、お客様相手でも、人間関係がスムーズになります。

その一瞬のタイミングを外すと、言い訳や言い逃れに入ってしまうので、ミスを指摘したほうの相手を怒らせてしまう場合もあるのです。私も学生が実習校で不始末をしでかすと謝りに行くのですが、そのときに「ちょっとスケジュールがきつかったようで」というように言い訳から入って、大失敗した経験があります。相手の怒りが〝火に油〟状態になり、事態の収拾に難儀（なんぎ）しました。それよりこちらのミスを認めて「至りませんで、大変申し訳ありませんでした」とサッと謝ったほうが、相手も心を開いてくれるものなのです。

過ちというのは誰にでもあるもので、それを修正していくことこそ大事だという本質を見失ってはいけません。そこを認識して、過ちはまず認める、というところから「過ちを成長の糧にする」ことを始めるといいでしょう。

意見を吸い上げるシステムをつくる

近ごろはどの企業にも、顧客からのクレームや意見を吸い上げる「お客様相談室」のような部署が設けられています。これは「ミスや商品・サービスの不備を改善に結びつけよう」とする気持ちの表れです。実際、クレームから生まれた新商品が大ヒットした、ということもあります。

こういった〝意見の吸い上げシステム〟は、社内にもあったほうがいいでしょう。その場合、上司に向かって意見することは、下っ端社員にはなかなかできませんから、中間的なポジションにある人が下の意見を吸い上げる態勢をつくっておく必要があります。その任に当たるべきは、チームリーダー的ポジションにある三十代です。自ら部署の〝クレーム係〟を任じて、うまく下の意見を吸い上げて上に伝えていくことが望まれます。

33 過ちをごまかそうとするのは小人である

（子張第十九　八）

小人の過つや、必ず文る。

【訳】小人は過失があると、決まって取り繕ってごまかそうとする。

ごまかしや言い訳は人間を小さくする

これも過ちに関する教えで、子夏という門人の言葉です。『論語』はもともと門人たちが先生である孔子の言葉をまとめた書なので、弟子の言葉も孔子の教えを映したもの。まったくブレはありません。

また「小人」というのは人間的にあまり成熟していない人を意味し、『論語』ではよく高い徳のある「君子」と対比して語られます。子夏のこの言葉は「衛霊公第十五　二一」にある次の孔子の言葉とセットで覚えておくといいでしょう。

「子曰わく、君子は諸れを己れに求む。小人は諸れを人に求む（君子はどんなことがあろうと、その責任・原因を自分に求める。小人は他人に責任を転嫁する）**」**

これら二つの言葉から、「過ちがあると、さっさと認めて改めるのが君子的で、ごまかそうと言い繕ったり、言い訳をしたりするのが小人的」と見ることができます。

このように、君子的な心のあり方と小人の言動を、常に対比して考える習慣がつくと、自然と君子の域に近づいていくのではないかと思います。

プロには体調不良すらない

私は教育実習の準備をする授業だけは、出欠や遅刻を厳しくしています。というのも、教育実習校での打ち合わせ会に十分遅れた学生が実習取りやめになったケースもあり、そのくらい社会は厳しいことを教えなければならないからです。学生は五分や十分の遅刻は許されると思っていますから。

ところがあるとき、三十分くらい遅刻した学生がいました。理由を問うと、「体調不良です」と言う。ふつうは「しょうがないね」とするか、体調不良でも休まずに来たことを評価するかなのですが、そんな甘い顔はできません。プロというのは「今日は体調が悪くて」などと口が裂けても言わないからです。

そこで、「プロはね、体調不良だなんてことはおくびにも出さずに、自分の仕事をやり遂げるんだよ」ということで、その学生に「その練習をするいい機会だ」と、みんなの前で少し授業をやらせてみました。彼は覚悟を決めたのでしょう。ふらふらしながらも、ニコニコと笑顔で元気に話し始めました。終わると、みんなから大きな拍手がきて、本人も本当に元気を回復していました。

体調不良でも何でも自分に言い訳を許さず、仕事を全うするのがプロフェッショナル。ごまかしや言い訳は通用しないと覚悟を決めることが大切です。

34 一かごでも、それは自分が一歩進んだということ

譬えば山を為るが如し。未だ一簣を成さざるも、止むは吾が止むなり。譬えば地を平らかにするが如し。一簣を覆すと雖ども、進むは吾が往くなり。

（子罕第九　一九）

【訳】　人が成長する道筋は、山をつくるのに似ている。一かごの土を運ぶのを止めてしまえば、それは自分が止めたということだ。それはまた土地をならすのにも似ている。一かごの土を地にまいたならば、たった一かごといえども、それは自分が一歩進んだということだ。

やめるもやめないも自分しだい

「愚公山を移す」という故事成語があります。これは「九十歳になる愚公という人が、通行に不便な山をほかに移そうと土を運び始めたのを見て、天帝が感心して山をほかへ移した」という寓話に由来するもの。たゆまぬ努力を続ければ、大きな事業を成し遂げられることのたとえとして使われます。

孔子が「**山を為る**」としているのも同じこと。達成できる見通しを持って努力を続けていくことの大切さを説いています。

達成体験を増やす

以前、二百人の小学生と「夏目漱石の『坊っちゃん』を一日で音読する」ことに挑戦したことがあります。子どもたちは三十分で疲れたふうを見せましたが、「何としてでもやり切ろう。君たちにはできる」と言って励ましたところ、六時間で読破して目標を達成できました。

こういう「達成体験」があると、子どもたちも私も次に同じような挑戦テーマがきたときに、自信を持って挑めます。逆に言えば、やると決めたことを途中でやめないためには、達成体験を増やしていくことが非常に大切なのです。

反復練習によって「型」を身につける

もう一つのポイントは、達成体験に「型」の考え方を組み込むことです。たとえばキャッチボールをするとして、「一万回やれば上手になる」と信じて挑む。それを「一回、二回……」と数えながらやると、着実に目標に向かっていると実感できます。そうして一万回を達成すると、その後は苦労せず二万回、三万回へと〝記録〟が伸ばせます。途中で投げ出さずにやりきる持続性も身につきます。

ワザというのは二〜三万回が反復の目安になります。量的反復が質的変化をもたらします（量質転化）。反復練習によって「型」が出来上がると、そのワザを応用してできることが増えるので、この学習プログラムは覚えておいてください。

もっとも続けられるものと続けられないものがあると思いますので、続けられるものを選ぶ、もしくは続けられるような環境づくりをする、といったことも大切です。私も〝通いもの〟の習い事が続かないものですから、通うのはやめて、先生に来てもらって習うようにしました。そのスタイルで習っているチェロは、かなり長続きしています。何か習得したい技術があるとき、意志を支える環境づくりも含めて考えるといいでしょう。

35 苗のままで穂を出さない人がいる

苗にして秀でざる者あり。秀でて実らざる者あり。

（子罕第九　二二）

【訳】　苗のままで穂を出さない人がいるね。穂を出しても、実らせるところまでいかずに終わる人もいる。人格を完成させるまではあきらめずに、学に励むことが大切だ。

才能は「スイッチオンさせる」ことが大切

身も蓋もない言い方に聞こえますが、孔子が言いたかったのは「ぼやぼやしていると、せっかくの才能が苗のままで終わっちゃうよ。穂が出たところで枯れちゃうよ」ということです。そうならないようにするにはどうすればよいか、そこを考えてみましょう。

適応力も才能の一つ

プロ野球関連のニュースを見ていると、シーズンオフに「戦力外通告」を受ける選手がよく話題に上ります。そのなかでときに「ドラフト一位で指名されたほどの選手がどうして?」と思うものもあります。ドラフト一位と言えば、全国の有能な選手たちのなかでも十二指に入る人たちです。その時点では、必ずプロで活躍できるだけの才能を持っていると、誰もが認めていたわけです。

かと思うと、育成選手枠で入団しても、支配下選手登録を経て一軍のレギュラーにまで上り詰める選手もいます。

その差はどこからくるのか。才能という部分では、当然、ドラフト一位の選手のほうが上とはいえ、育成選手にだって才能は「ある」。その才能を開花させられるかどうかというところで差が生じている。そこを左右するのは「適応力」という才能ではないかと、私は考えています。

「適応力」とは、自分が置かれている状況をきちんと認識して、そこで自分がやるべきことは何かを明確に見定めて、上に上がっていく努力を続ける能力を意味します。その過程で「どうせ自分は育成枠なんだから」といった言い訳を自分に許すことなく、逆に「自分はドラフト一位なんだから」と慢心することもなく、一軍定着を目指して、ひたすら努力を続けることが「適応力」という才能だと思うのです。みんながみんなそうとは言いませんが、失敗したドラフト一位選手のなかには、練習もそこそこに夜の町で遊び回っていた人もいたでしょう。

プロ野球に限らず、私たち学者の世界でも、もともとの才能のレベルとは関係なく、一日に十数時間は勉強するのが当たり前です。そうでなければ一人前の学者にはなれません。ビジネス社会だって同じでしょう。

二十代と三十代がうまく組んで互いの才能を開花させる

ようするに、才能は誰にでも「ある」のです。その苗から穂が出て実を結ぶまでに至るには、自分の置かれている状況相応の意思と努力が必要だということです。もっと言えば、それ以前に、努力と意思を促す刺激として、上の人の若手を指導する力が必要だと、私は思っています。

いい先生、いいコーチ、いい上司に出会えば、若手はそこで刺激を受けてやる気が出て、結果が出る。そうなると、よけいにやる気が出る、という好循環に入ることができます。逆に意思を持って会社なりチームなりに入っても、上の人に恵まれなければ、穂も出せずに終わってしまう場合があります。

そういった現実を考えると、三十代のみなさんはすでに若い人の面倒をみる立場になっていると思うので、自分自身がいい先輩になって若手を刺激することも考えに入れなければなりません。

たとえば苗のままでなかなか穂が出ない若手がいたら、「君はいま、苗の状態だよね。どうやったら穂を出せるか、二人でやってみよう」という形が望ましいでしょう。入社して三年と経たずに辞めてしまう若手を会社につなぎ留めて戦力に育てていくためにも、三十代の存在価値は大きいのです。加えて三十代は、自分自身もこれから四十代にかけて穂を実らせていく時期にあります。後輩の成長に自分自身が刺激を受けると、いい感じになるのではないでしょうか。

遺伝子の研究に取り組む村上和雄（むらかみかずお）先生によると、天才も凡人も九九パーセント遺伝子は同じだそうです。才能の違いは、その遺伝子がスイッチオンするかどうか。クローン羊をつくるためには、羊の全ＤＮＡをスイッチオンにしなければならないが、うまくいかない。試行錯誤の末、飢餓状態に追い込んだときにすべてのＤＮＡがスイッチオンになったといいます。

私たちは誰もが才能を持っているのですから、そのある・なしを問うより、そのＤＮＡをスイッチオンさせようという意識を持つことのほうが大事です。

36 後生畏るべし

後生畏るべし。焉んぞ来者の今に如かざるを知らんや。四十五十にして聞こゆること無くんば、斯れ亦た畏るるに足らざるのみ。

（子罕第九 二三）

【訳】 自分より後に生まれた者たちに、畏れの気持ちを抱くのは当然だ。これから成長する人がいまの自分に及ばないと、どうしてわかるのか。ただし、四十、五十の年になっても評判が立たないような人はもう畏れるには足りない。

「慢心」と「嫉妬心」の落とし穴にははまらない

古代エジプト時代の昔から、年長者はよく「最近の若い者ときたら」というような言葉を発していたようです。そのくらい、年を重ねるにつれて、下の世代が頼りなく見えるということでしょう。

しかし孔子は、「若い者を見くびってはいけないよ」と警告を発しています。

ダメを逆手にとって伸ばしてあげる

三十代は「最近の若者はダメだなぁ」と感じ始める〝お年ごろ〟かもしれません。よく聞かれるのは、「だから、ゆとり世代はダメなんだよ」という言い方です。

たしかに傾向としては、彼らには頼りないところがあります。でも現実に、彼らを一様に断罪する年長者たちが、それほど大量のゆとり世代に接しているかというと、そうでもありません。何となくダメだと思っているだけです。

その点、私などは二百人のゆとり世代を教えることがあります。ゆとり世代しかいない、という状況です。「君らはおとなしくて、学力が低くて、やる気もビミョーだなぁ」と見くびってしまうと、彼らの成長の芽を摘んでしまう危険があります。

そこで私は発想を変えて、「君たちはまじめだから、ちゃんと課題を期限通りに提出してくれるね。これからはやる気のある人に発表してもらうんじゃなくて、全員発表形式に変えよう」としました。すると、全員が一生懸命、発表の準備をしてきて、この二十年間で最高のレベルに達することができました。この経験から私は「いまどきの若者は驚くほど伸びる！」と認識を改めました。

こういうこともあるので、ダメだと断罪せずに、「ダメを逆手にとった指導法」というのも一考の価値があるのではないでしょうか。「明確な指示をすればきちんとやる人たちなんだ」という視点を持つことがポイントになります。

青年を貶める行為の裏には……

年長者が青年を貶(おとし)める行為の裏にはまた、自分が若手に追い抜かれたくないという気持ちが潜んでいる場合があります。会社は競争社会ですから、自分にはない能力や発想を持った若手がいると、意識的にせよ、無意識的にせよ、可能性を潰(つぶ)してやろうとしてしまうわけです。

そういった行為は自分で自分に「指導力なし」という烙印(らくいん)を押すようなもので、いいことはありません。その根っこにあるのは「嫉妬心」です。

あるいは「こんな若い奴に追い抜かれるはずはない」と高を括って、自分自身がさらなるレベルアップを目指して努力することを怠る場合もあります。気がついたときには若手に追い抜かれていた、というような事態はその「慢心」から出てくるものでしょう。

つまり、青年を貶める行為の裏に「嫉妬心」と「慢心」があると、若手の可能性の芽を摘むか、自分自身の成長を止めるかで、いいことはありません。これら二つの落とし穴にはまらないよう、若手の力を尊重しながら仕事をしていくことが、三十代には求められるのです。

三十代のうちにがんばらなければダメ

最後のくだりで、孔子は非常に厳しいことを言っています。「四十、五十になって評判が上がらないようでは、大したことはないね」というのです。

「死ぬまで勉強だ」としているわりには、ここではずいぶん現実的なことを言うなぁと戸惑ってしまいますが、私はこう解釈しています。

「三十代までにある程度がんばって成長を形にしておかないと、四十、五十になってからがみじめだよ。もうがんばりはきかなくなるんだよ」

三十代は伸び盛り。その時期に若手を見くびって、慢心したり、嫉妬したりしている暇はない。若手に対しても学ぶべきところは学び、育てるべきところは育てて、四十代以降を実りあるものにしなくてはいけない。

そういうメッセージを込めて、最後の部分を付け加えたと受け止めていただきたいところです。

37 懸命に考えない者は、どうすることもできない

如之何(いかん)、如之何(いかん)と曰(い)わざる者(もの)は、吾(わ)れ如之何(いかん)ともすること末(な)きのみ。

（衛霊公(えいれいこう)第十五　一六）

【訳】「これをどうすればよいか、これをどうすればよいか」と懸命に考えて問うてこない者は、私とてもどうすることもできない。

相談事は準備とタイミングが大事

上から見放されたら、ビジネスパーソンとしてはおしまいです。そうならないためには、「どうしよう、どうしよう」ともがき悩む姿勢が必要だと孔子は言っています。

これは「いかん」が三回も出てきて、語呂がいいので、ぜひ覚えてみてください。

もがき悩んでいるだけではダメ

「どうしよう」ともがくのは、何か切羽(せっぱ)詰まった状況になって、何とかしなければならないと自問自答している状態です。出発点としてまず大事なのは、そんなふうに「どうしよう」と疑問を持つことです。そのときに何の疑問も持たずに、ボーっとしている人は論外。上の人も救いようがありません。

また、自分一人でもがき悩むだけで、誰にも相談しようとしない人も問題です。上としてはとりあえず見守ることしかできません。逆に、ちょっと困るとすぐに相談してくる人も、手がかかりすぎるので、上を辟易(へきえき)とさせます。

一番いいのは、まず自分のなかである程度考えを煮詰めてから、判断できないことを上に相談することでしょう。それが上に相談するベストなタイミングです。

資料や判断材料を揃えてから相談する

上に相談するにも、やり方というものがあります。まず、自分で判断できる事柄と、上に判断してもらわなければならないことを区別する。そのうえで、後者について状況を理解してもらうための資料を揃(そろ)え、自分の考えを整理して、たとえば「AとBで迷っています」というふうに相談する。そういった準備をきちんとしておくと、上も「ならばBでいこう」などと判断しやすくなります。

私も事務の人とやりとりする仕事が多いのですが、有能な方はいつも「これについて私はこう動いていますが、この点は先生が決定してください。資料はこれです」というふうに話を持ってきてくれます。おかげで私は、漠然とした説明を受けたり、資料もなく下駄を預けられたりすることなく、スムーズに仕事を進められます。肝心なことを判断して、「あとはお願いね」と任せられるのです。

三十代の人は四十代・五十代の上司の判断を仰ぐ機会も多いと思うので、そのときにはぜひ「自分はこう考えていますが、一応、ご判断お願いします」という形で相談することを心がけてください。相談するタイミングを外さず、相応の準備をしておけば、上司の覚えがめでたくなることは間違いありません。

38 過ぎたるはなお及ばざるがごとし

子貢問う、師と商とは孰れか賢れる。
子曰わく、師や過ぎたり、商や及ばず。
曰わく、然らば則ち師は愈れるか。
子曰わく、過ぎたるは猶お及ばざるがごとし。

（先進第十一　一六）

【訳】子貢が、「師（子張）と商（子夏）は、どちらが優れていますか」とたずねた。先生は、「何事につけ師はいき過ぎていて、商は足りないね」と言われた。
子貢が、「それでは師のほうが優れているのですね」と言うと、「いき過ぎも足りないのと同じことだ。中庸が大切なのだ」と言われた。

「加減の感覚」を身につける

ここは、いまでもよく諺のように使われる「**過ぎたるは猶お及ばざるがごとし**」という言葉の出典になっているくだりです。

2章で述べた「中庸」の大切さを説いたものですが、ここでは「ちょうどいい加減のライン」をどうやって探るかを中心に考えてみましょう。

一度やり過ぎると、加減がわかる

若い世代を見ていると、やり過ぎることが少なくなってきている感があります。三十年前の学生にはしばしばつんのめってやり過ぎてしまうところがありましたが、いまの学生はわりとおとなしくて、遠慮がちで、まじめなので、あまりやり過ぎることがありません。むしろ、「及ばざる」ことの多い世代かなと思います。

ただ「ちょうどいい加減を知る」には、一度、ちょっとやり過ぎてみることも大事です。たとえばゴルファーの方が「パットを打つときに力が弱すぎて距離が届かないと、なかなかカップに入れるための力加減がわからない。それよりも、強めに打ってカップを越えてしまうくらいのほうがいい」と言っていました。やり過ぎるリスクをとって、反省しながらちょうどいい加減を知る、というやり方です。

仕事量でも酒量でも、ちょっとやり過ぎて痛い目に遭えば、反省して少しずつ控えるようにもなるでしょう。「及ばざる」だと、痛い目に遭う度合いが小さいというか、あまり大きな失敗はないので、調整がやりにくいと思うのです。

「やり過ぎる」もまた程度ものではありますが、同じ失敗をするにしても、「及ばざる」よりも「過ぎたる」ほうが成長効果は高いと言えるでしょう。

相手や状況でちょうどいい加減のラインは変わる

一口に「ちょうどいい加減のライン」と言っても、相手や状況によって一様ではありません。卑近な例で言えば、ラーメンの出汁にも関西と関東では少しラインが異なるでしょうし、新聞や本などの活字も読む人の年齢によってちょうどいい文字の大きさは違ってきます。

そのように、ちょうどいい加減のラインは場面に応じて変わるということを、覚えておいたほうがいい。仕事の場面でも、部下を指導するときは相手の性格を考慮して厳しさのちょうどいいところを探るとか、上司に資料を渡すときは相手の年齢を考えて文字の大きさや使う言葉を変える、といった工夫が必要です。

39 自分の力量不足を心配しなさい

人の己れを知らざることを患えず、己れの能なきを患う。

（憲問第十四　三二）

【訳】　人が自分の能力を知ってくれないからと不満に思うな。それより、自分がまだまだ力量不足であることを心配しなさい。

うまくいかなければ、次の仕事で取り返す

自分が評価されていないと不満に思うときの対処法については、これまでにもいくつか出てきました。それほど多くの人がこのことに悩んでいるのでしょう。

ここで孔子が言っているのは、自分の能力の足りなさを問いなさい、ということです。不当だと思う評価でも甘んじて受け入れ、それを自身の成長のバネにして努力を続ければいいのです。腐(くさ)っても、事態は好転しませんから。

自分には「厳しく」する

日本の社会は極端に評価が狂っているわけではないでしょう。多少のブレはあっても、四十歳くらいになると、周囲も認める能力の持ち主が相応のポジションを得ているものです。だから三十代のうちは、評価されていないと感じる場面が多少あっても、気にしないことです。それよりも評価の低い原因を自分に求めて、力を向上させていくことに注力するべきでしょう。評価はやがてついてきます。

この感覚をスポーツにたとえると、ゴルフに似たものがあります。ゴルフはボールを打つのは自分自身ですから、悪い結果でも人のせいにはできません。風や芝の状態などに理由が

あっても、みな同じ条件でやっているのですから、うまくいかないのは自分の力不足と認めざるをえないところ。己を知るには非常にいいスポーツです。

若手にはちょっと甘く

ただし「自分に厳しく」はいいとして、若手を指導するときは「君、腐ったってダメだよ。評価されないのは、君が無能なんだから、それを気にしなさい」といった言い方は避けたほうが無難です。

いまの若者は自分でも「ほめられれば伸びるタイプなんです」などと言うくらいなので、あまり厳しくすると折れてしまいます。「君、がんばっているよね。ただもっと評価を上げるためには、この辺の弱点をなくすといいよね」というように、ほめながら努力を促す方法がいいかと思います。ポジティブコメント「ポジコメ」が基本です。

いずれにせよ、評価されなかった場合は、自分の能力不足もあると素直に認め、「次にやる仕事で取り返そう」と奮(ふる)い立つのが、一番賢明な心の持ちよう。そこで腐れば、周囲の評判をいっそう落とすだけです。評価に対しては、逆風を真正面から受け止めて、倍の力で跳ね返すくらいの気概を持って臨んでください。

40 書を読み、師に聞いて学ぶほうがいい

（衛霊公第十五　三一）

吾れ嘗て終日食らわず、終夜寝ねず、以て思う。益なし。学ぶに如かざるなり。

【訳】私は前に、一日中食べず、一晩中眠らずに考え続けたことがあったが、得るものはなかった。それより書を読み、師に聞いて学ぶほうがいい。

常に方向性を確認する

言い方は悪いけれど、「バカな人ほど自分の頭で考えたがる」と思うことがよくあります。自分の頭で考えること自体はいいことですが、方向性を間違えていたら、何の意味もなくなります。わかっている人にさっさと聞くのが効率的です。孔子ですら、「飲まず食わずで一日中考えてもムダだった」と言っているのですから、自分一人で考えようとしすぎないよう注意が必要です。

的外れの仕事をしないために

仕事では、上司の指示に的確に応えることが基本になります。そのときに指示の内容をきちんと理解していないと、最初の方向性を間違えてしまいます。そうすると、「何をどう考えたら、そういうことになるの?」と思われるくらい、まったく的外れの仕事しかできません。

そうならないように、指示を受けたらまず、上司に大まかな方向性を確認しておくことが大切です。

ボウリングにたとえるならそれは、レーンのスパッツと呼ばれる三角形の印のどこにボールを通すかを決めて、投げるようなものです。私が子どものころ、ボウリングが大流行していました。それで私もかなり燃えて、テレビで中山律子プロの指導を見て、スパッツを間違えなければ、だいたい思い通りのボールを投げられることを学んだのです。

仕事も同じです。スパッツ、つまり最初の方向性を間違えなければ、およそうまくいくものです。だからこそ、「この方向性でいいですね？」と確認しておかなくてはいけないのです。

二割やったところでサンプルを出す

さらに念を入れて、指示された仕事を二割やったところで、「こんな感じでいいでしょうか」と上司にたずねると、なおいいでしょう。そこで「違うよ」というケースがけっこうあるのです。それに、まったく的外れではないにしても、「ここはちょっと直してね」という部分が出てくる可能性もあります。

その二割のところで修正ができれば、残りの八割で間違えることはまずないでしょう。

私も仕事を依頼したときに、思いのほかカン違いが多いことを実感したので、いまは「とりあえず二割くらい進んだら、一度見せてくださいね」という形で方向性のチェックをするようにしています。それによって、方向性の違いという初歩的な問題をかなり減らすことができました。

できる人に教えを乞う

もう一つ大事なのは、自分で考えてもよくわからないことは、さっさと経験値の高い人に教えてもらうことです。

何日も考えてわからなかったことが、誰かにちょっと聞いてみたら、一瞬にして解決した、というようなことはよくあります。その意味では、自分の頭で考えるべきことと、人に教わるべきことを区別することがポイントになります。

それが孔子の言う**「学ぶに如かざるなり」**ということなのです。

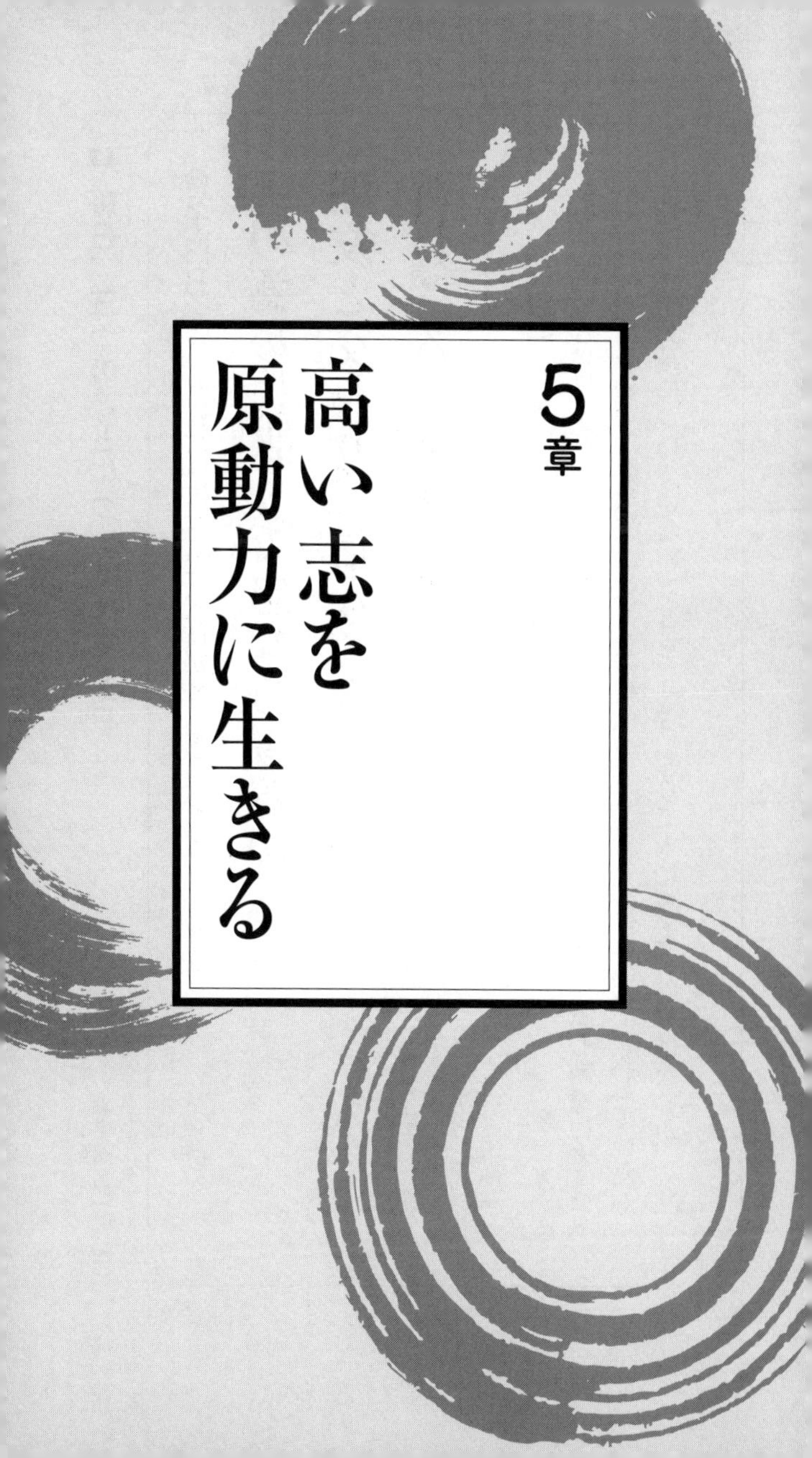

5章 高い志を原動力に生きる

41 毎日、三つのことについて反省する

（学而第一　四）

曾子曰わく、吾れ日に三たび吾が身を省みる。

人の為めに謀りて忠ならざるか、朋友と交わりて信ならざるか、習わざるを伝うるか。

【訳】　孔子の門人である曾子が言った。
「私は毎日、三つのことについて反省する。人のために誠心誠意に考えてあげたか。友人とのつき合いで〈信〉、つまり言葉と行ないが一致していたか。十分身についていないことを、受け売りで人に教えたのではないか、と」

自分自身の〝振り返りポイント〟を持つ

「省」の字から「反省」をイメージすると、何か悪いことをして反省する、というふうに感じるかもしれません。ここはそうではなくて、もう少し気楽に「今日一日を振り返る」と捉えるといいでしょう。

そのときに曾子は三つのポイントを挙げていますが、これはそのままマネする必要はありません。自分自身の〝振り返りポイント〟をいくつか、とりあえず一つでもいいから、再設定してみてください。

よい行動を習慣化する

「アメリカ合衆国建国の父」とも讃えられるベンジャミン・フランクリンは、自著『フランクリン自伝』によると、「自らの信念を十三の徳目にまとめて、週ごとに一つの徳目を〝振り返りポイント〟とした」そうです。

たとえば「一・節制　飽くほど食うなかれ。酔うほど飲むなかれ」を一週間やったら、次の一週間は「二・沈黙　自他に益なきことを語るなかれ。駄弁を弄するなかれ」、その次は「三・規律　物はすべて所を定めて置くべし。仕事はすべて時を定めてなすべし」を実践する、といった具合です。

こういう方式だと、よい行動を習慣化するのに役立ちそうです。自分なりにアレンジして、トライしてみてはどうでしょうか。

手帳をツールにする

また〝振り返りポイント〟は、徳目でなくてもけっこう。単純に、今日一日にやるべきことをチェックするだけでもいいと思います。

私はそういうスタイルで、手帳にチェックボックス付きでやるべきことを列挙しています。一週間をワンパックにして、この日はこれ、この日はこれ、といった感じで。私の場合は年間三十冊、四十冊の本を出しているし、雑誌などの連載もあるので、毎日が締め切りの嵐です。「いつまでに何をやるか」を明確にして、一日の終わりにチェックしないと、どうしても〝やり忘れ〟が出てしまうのです。

それにチェックボックスにチェックマークを入れる作業には達成感があって、チェックが増えるにつれて気持ちがどんどんラクになるので、気に入っています。

あと、〝三行日記〟風に、その日のトピックスや感じたこと、考えたことなどを手帳に書くこともしています。そんなふうに手帳を使っていると、スケジュールを管理できるだけではなく、自分の行動を振り返ることにもつながります。それが私にとっては、非常にいい時間です。

だから一日の終わりはもちろん、ちょっと手の空いたときなどにも手帳を広げて見るようにしています。自然と心の状態が整うのです。もし手帳がなかったら、「あれもやらなきゃ、これもやらなきゃ」と気分が落ち着かないし、〝三行日記〟で自分を振り返る余裕もなく心がざわつくような気がします。

一人で静かに振り返る時間を持つことがポイント

昔の人は今日一日の自分を振り返る行為として、日記をつけていたものです。いまならブログでしょうか。

ただブログの場合、たとえば食べたものをパチパチ写真に撮って公開するとか、不特定多数の人に見せることが前提になっています。自分を振り返る「内省」の方法としては、多少疑問の残るところです。

自省を目的とするなら、やはり一人で静かに一日を振り返る、そういう落ち着いた時間を持つことがポイントになるでしょう。

その意味では、〝振り返りタイム〟を喫茶店で過ごすというのも、一つの方法です。私は

「十五分でも二十分でも、時間が空いたら喫茶店で過ごすのがいい」と考えています。コーヒーを飲みながら、スケジュールの整理をしたり、次の仕事の準備をしたり、仕事全体を振り返りつつ先のビジョンを膨らませたり。心を整え、いまの仕事に対してポジティブに立ち向かう元気もわいてきます。

ぜひ、自分を振り返る「内省」行為を、一日の隙間時間に組み込んでください。

42 君子は「義」がわかっている

（里仁第四　一六）

君子は義に喩り、小人は利に喩る。

【訳】君子は、物事の道理である〈義〉がわかっている。小人は損得がわかっている。

徳を身につけることに意識を向ける

私たち日本人は漢字文化圏に生きているおかげで、漢字を見ればふつうに意味がわかります。私はだから、日本に生まれてトクしたなと思っています。

ここにある「義」の一文字を見ても、何となく意味がわかりますね。義理の義であり、正義の義と熟語にしてみるとわかりやすい。訓読みでは「義しい」と読みます。道理・筋道が通っている正しさだ、という意味です。漢字文化圏では、この「義」のニュアンスは共有されています。

一方、「利」の字を見ると、「利益の利、利用の利、利害の利だな」とわかり、「義」とはまったく異なる行動規範であることが、ストンと理解できます。

もちろん、英語に訳しても意味は通じるのですが、漢字自体が持つ深いニュアンスまではなかなか訳しきれません。本家の中国で簡略化された簡体字が主流になってしまったのは残念です。せっかく漢字文化圏に生きているのですから、私たちは漢字一文字一文字に込められているものに改めて目覚めるのもいいのではないかと思います。

義を忘れ、利が増殖する現代社会

社会全体を見渡すと、近ごろは「義」が減って、「利」が増える傾向にあるような気がします。忠臣蔵の義士を愛した日本人は「義」を大切にしていました。しかし、幕末維新から戦前までと現在を比較すると、義と利の割合が逆転している感があるのです。

それだけ小人が増えているという見方もできます。「リーダー不在の時代」と言われるのも、義に生きる君子が少なくなってきたことと無縁ではないでしょう。

翻って三十代を考えたとき、リーダーとして「義に喩る君子」たることが求められるように思います。ようするに、徳を身につけることに目を向けていただきたい。古い考え方のようですが、たとえば京セラの創業者である稲盛和夫さんが著書で「リーダーに必要なのは頭の良さよりも利他の精神、つまり自分を犠牲にして人のために尽くす徳を身につけていることだ」と言っているように、組織論的に見ても徳は非常に重要なのです。

自分の利に走らず、義を貫く、仁がある、礼をわきまえている、といったことを軸に、心をコントロールすることによって、リーダーの資質は磨かれます。これからリーダーになる三十代の方には、この言葉だけではなく、『論語』全体をリーダー論として読んでいただきたいと思います。

43「仁」を心から求めるなら、もうここにある

仁遠からんや。我れ仁を欲すれば、斯に仁至る。

（述而第七　二九）

【訳】〈仁〉ははたして遠くにあるものだろうか。そんなことはない。私たちが仁を心から求めるなら、仁はもうここにある。

求める気持ちがあれば前に進める

孔子は「仁」を徳のなかでも最高位に位置づけています。それだけに「仁」を一生かかってもたどり着けない目標のように思ってしまいがちです。しかし「仁を求める気持ちが仁を引き寄せるんだ」というふうに孔子は言っています。たとえば仁を思いやりと捉えてみる。思いやりを行動に移したときには、仁はここにある。仁を求めた瞬間に、もう仁者にふさわしい行ないをする端緒は開かれているということです。

孔子は常に「求める気持ちの強さ」を問題にしています。前にも「発憤していない人には教えてもしょうがない」（1章）とか「束脩の礼を尽くす人なら誰にでも教える」（3章）といった言葉が出てきましたが、それらもすべて「求める気持ちの強さ」を問うものです。

仕事についても、より高きを求める気持ちがなければ、前に進めません。「仕事はそこそこできればいい」という程度の気持ちしかない社員が多ければ、会社全体がダメになってしまいます。キリンホールディングスの磯崎功典社長は「みなさんは会社が潰れないという前提で働いていませんか。会社は潰れるものです。みんなで潰れないようにがんばっていかなければならない」と社員に語っています。みんなが「もっと、もっと」と高い目標を求める気持ちが強くなれば、自分も会社も成長するのです。

そういった観点からいま一度、「自分にはどのくらい求める気持ちがあるだろうか」をチェックしてみてください。また「**斯**(ここ)**に仁**(じん)**至**(いた)**る**」の「仁」を、自分の目標に言い換えるのもおすすめです。孔子のこの言葉の応用範囲が広がります。

求める気持ちは刺激しだい

漫然と「求める気持ちを強く持とう」としても、あまりうまくできません。やはり刺激が必要です。前に述べたように、求める気持ちの強い一流の人の話を聞いたり、本を読んだり、テレビを見たりするといいでしょう。もちろんネットサーフィンをしながら、一流の人の仕事や言動に触れるのもいい刺激になります。

ただし、とくにテレビやインターネットの場合、「すごいな、こんな人もいるんだ」と、情報の一つを得ただけで終わらないように注意しなければいけません。情報に麻痺してしまい、せっかくすごい人を知っても、自分を刺激する存在にはならない可能性があるからです。「刺激に触発されて行動する」ことを意識して情報にアクセスすることがポイントになります。一流の人の言葉から刺激を受けたら、すぐに手帳やスマホにメモするのがコツです。私は習慣にしています。

44 心の中にある志を奪うことは、誰にもできない

（子罕第九　二六）

三軍も帥を奪うべきなり。
匹夫も志しを奪うべからざるなり。

【訳】数万の大軍を率いる総大将でも、その大将の身を奪うことはできる。しかし、一人の男といえども心の中にある志を奪うことは、誰にもできない。

「志」がやる気に火をつける

この言葉を覚えておくと、非常にやる気が出ます。とりわけ「志」という漢字一文字を見ると、それだけで背筋がピンとし、視線がはるか遠くまでまっすぐに伸びていくような気がしてくるでしょう。

「高い志を持って生きる」とは、世のため人のために大事を成し遂げることを、自分の命より大切なミッションとして生きること。自分自身に気合いが入ります。

幕末の志士に思いを馳せる

幕末の志士を描いた小説やドラマが好きだという人は多いでしょう。たとえば司馬遼太郎（しばりょうたろう）さんの『竜馬がゆく』をはじめ、吉田松陰と高杉晋作（たかすぎしんさく）を描いた『世に棲む日日』、その後の明治時代を背景とする『坂の上の雲』などを読むと、孔子が言うように「たしかに志は誰にも奪えない」と実感できます。

幕末から明治維新にかけてのあの時代は、言うなれば日本の青年期。福沢諭吉も『学問のすゝめ』で一人で日本を背負って立つ気概を持てと言っています。特別なヒーローだけではなく多くの人たちが、自分の利は二の次にして、日本という国を欧米諸国の侵食（しんしょく）から守り、独立した大国にしていくという志を持って生きていましたが、いまは志に対する意識が薄れてきました。

しかし日本も企業も、安穏としていられる状況ではありません。志に生きる人が求められている時代でもあります。「志」というものの感触を得るには、司馬さんの本は非常にいいものなので、ぜひ読んで、自らの志に火をつけていただきたいと思います。

プロジェクトリーダーに照準を定める

志は現実をより良い方向へ変える大きな力になります。

三十代なら、何かのプロジェクトを立ち上げてリーダーになることを目指していただきたいと思います。業務や職場環境の改善に結びつく活動とか、情報の共有化を図る勉強会とか、あまり先行投資のいらない小さなプロジェクトでいいのです。とにかく志を掲げて、それに賛同するいろんな部署の人を集めて何かに取り組む。そういう行動が自分だけではなく会社の活力になっていくと思います。

リーダーとしての志を持つことは、三十代に必要なこと。紙に力強く「志」の一文字を書くなどすると、日々の仕事に向かう気持ちも引き締まるでしょう。

松陰の**「志を立てて、以って万事の源となす」**、**「志を立てざるべからず」**、**「志定ま**

れば、気盛んなり」といった言葉を手帳に書くと気が盛り上がります。

45 君子は上へ上へ、小人は下へ下へ

君子は上達す。小人は下達す。

（憲問第十四　二四）

【訳】　君子は上へ上へ、小人は下へ下へと達する。つまり、君子は高尚なことや重要なことがわかっていて、小人はどうでもいいことに詳しい。

「マイ古典」を持つ

古代ギリシアの昔から、教養は人間にとって大事だとされてきました。孔子の時代もそう。ここにある**「君子は上達す」**という言葉が、それを象徴しています。

教養を高めるとは、古典に親しむこと。古典には時を経てなお、色褪せない奥の深い魅力があります。いつの時代にあっても、過去から現代、未来へとつながる文化・学問の源泉として、新鮮な〝叡智の水〟をこんこんと湧き出しているのです。

古典を人生の羅針盤に

日本でも、少なくとも四十〜五十年前までは教養を重んじる空気がありました。薄れてきたのは、一九八〇年代くらいからでしょうか。サブカルチャーが台頭し、「教養は大事かもしれないけど、ちょっと古くさいよね。時代的におもしろいもののほうがいいんじゃない?」といった風潮が勢いづいてきました。さらにバブル期の浮かれた空気もあって、教養に対するあこがれをほとんど持たずに二十代、三十代を過ごしてしまう人たちが増えてきたような気がします。

これは危ういことです。人生を力強く生きる原動力が弱まってしまうからです。というのも古来の知識や知恵が凝縮された古典は、仕事をはじめとする人生全般において羅針盤のように機能するものだからです。

上手に古典に親しんで教養を高めれば、仕事に役立つ能力が総合的に強化されるし、よりよく生きるための羅針盤が得られるのです。自分にとっての人生の羅針盤となる古典を見つけ、それを「マイ古典」としてともに生きる。バタバタした人生が落ち着き、豊かになっていくことを、私が保証しましょう。

本を持ち歩くことを習慣にする

三十代は人間的な成熟が加速する時代です。この時期にこそ、生活の合間を縫って、古典をはじめとする本をどんどん読むべきです。「忙しくて、本を読む暇なんてない」と言う人もいるかもしれませんが、企業のトップなど、一流と呼ばれる人たちは、たくさんの本を読んでいます。彼らより忙しいということはあまりないでしょう。

本を持ち歩き、移動の電車の中やちょっとした空き時間に読むことを習慣にしてはいかがでしょうか。そのほうが始終スマホをいじっているより、数段君子的です。

本を常に携帯する。この習慣が人生を豊かに、深くします。

46 私は他人を批判している暇はない

子貢、人を方ぶ。子曰わく、賜や、賢なるかな。夫れ我れは則ち暇あらず。

（憲問第十四　三一）

【訳】　子貢が人物の優劣を比較し、批評していた。先生は、「賜（子貢）は賢いんだね。私は自分の修養に忙しくて、とてもそんなことをしている暇はないがね」と遠回しに子貢を戒められた。

悪口を言う暇もないくらい仕事をする

これは孔子一流の皮肉です。かなり手厳しい。孔子ほどの人にこんなことを言われたら、子貢も身の縮む思いだったでしょう。人の悪口というのは飲み会でも一番盛り上がる話題で、言うと気が晴れることもあって、ついやってしまいがち。そんなときはこの言葉を思い出してください。「悪口を言って過ごすのは不毛な時間だよ。そんな暇があったら、自分の仕事をしなさいよ」という孔子の声が聞こえてくるはずです。

悪口でトクすることは何もない

若いころ、私は悪口というか、批評というか、人の至らないところを指摘することが非常に多かったような気がします。それも陰口ではなく、指導教授にさえ面と向かって言う〝表口〟なものですから、社会的にかなり痛い目に遭ってきました。人生を妨げられることの連続で、何一ついいことはなかったのです。

そこに気づいたのが三十歳くらいのとき。それからは悪口とか辛辣な批評を表では言わないようコントロールして、四十代になってようやく落ち着きました。方針として「極力、悪口を言わない」と決めると、精神衛生上とてもいいし、不毛な〝悪口タイム〟がなくなって生産性の高い仕事をする時間も増えます。つい悪口を言ってしまいがちな人は、まずこういった気づきを得ることが必要でしょう。

もっとも現実問題、三十代は仕事が忙しいうえに、結婚を考えたり、すでに家庭のある人は子育てに手がかかったりと、本当に悪口を言っている暇はないかもしれません。それなら、大いにけっこう。愚痴大会みたいな飲み会に参加している暇はない、というのは労せずして孔子の戒めを実践できます。

笑いながら言う悪口は悪くない

トクすることが何もない悪口も、上手に吐き出せば、いい息抜きになる場合もあります。ただし、仲間うちでちょっと上司とか誰かの悪口を言って、その場で忘れる、という形で。悪口にともなう負の感情を引きずるのがよくないのです。

その場合のポイントは、笑いながら話すこと。「いやぁ、ほんとに参っちゃうね。ああいうのを老害っていうんでしょうね」「どうしようもないね。言ってもわかんないから」というような感じで話せば、カラリとした時間を過ごせるでしょう。

人を全面否定しないのがコツです。その人の問題のある面を悪いクセとして認定すると、こちらの心が落ち着きます。

47 遠くを見通す配慮なくば、身近な心配が起こる

（衛霊公第十五　一二）

人にして遠き慮り無ければ、必ず近き憂い有り。

【訳】人として、遠くまで見通しての配慮がなければ、きっと身近なところで心配事が起こる。

時間的・空間的に広く意識を巡らす

「遠き」と「近き」、「慮り」と「憂い」が対句になっているこの言葉は、とても覚えやすいので、ぜひ暗記してください。つい目先のことに心を奪われてしまう日常を、切れ味鋭く戒めてもらえます。

いまの欲望で安易に動かない

渋谷の街を歩いていたときのこと。消費者金融のボックスのようなところの前で、数人の若者たちを見かけました。どうやら一人がお金を調達できたらしく、「ラッキー！　この金で遊ぼうぜ」と盛り上がっていました。

彼らの姿を見て、「終わってるな」と思いました。手にした遊興費はもらったのではなく、すぐに高い利子をつけて返さなければならないお金です。ラッキーでも何でもないのです。

これほどひどくなくても、先々のことは視野の外に置いて、とりあえずいまの欲望を満たすことだけを考えて動く人たちは少なくありません。とくにお金の面で、遠くまでの配慮がないとすぐに「憂い」がきます。

たとえば勉強することは、将来を見据えた行動です。貯金をするのもそう。マイホームを購入するとか、老後や病気に備えるとか、先々困ったことにならないように計画的に行なうものです。

あるいは就職難の時代にあって、まだ仕事を覚えてもいないうちに好き・嫌いや、向き・不向きを判断して、せっかく入った会社を辞めてしまうような行為も、遠くまでの配慮に欠けるものでしょう。

リーダーに求められる広い視野と深謀遠慮

三十代はリーダーになる年代ですから、目の前の仕事に汲々としているだけではダメです。まず必要なのは、自分の仕事のフィールド全体を見渡して行動すること。ようするに広い視野を持ち、そのなかで自分がリーダーとしてなすべきことを考えることが求められます。

また時間的にも三年・五年先を予測しながら動くことが重要です。深謀遠慮をもって、みんなを引っ張っていくのが、リーダーの一番大切な役回りなのです。

空間的にも時間的にも広く意識を巡らして動くのがリーダーたる者の務めです。

コツは、短期目標、中期目標、長期目標を文字にしてみることです。年頭や月の初めに書き、修正していく。目標を考え、書くだけで、意識が刺激されます。

48 「仁」を行なうのに、遠慮はいらない

（衛霊公第十五　三六）

仁に当たりては、
師にも譲らず。

【訳】〈仁〉を実践するに当たっては、たとえ先生に対しても遠慮はいらない。

「さすが孔子！」とうならされる言葉です。多くの門人を擁する師としての度量の大きさが感じられます。

三十代がこの言葉を読むときは、「大事なことにおいては、上司に遠慮しすぎず、自分の考えをはっきり言おう」というふうに捉えるといいでしょう。

自分を貫く気概を持つ

議論の出発点は「対等」にある

たとえば会議において、本来は参加者みんなが対等な立場で議論することを目的としているのに、下の者が上に遠慮をして自分の意見やアイデアを自由に出せない、というようなことがよくあります。上司が自由な議論のディフェンダーにならないように、上司クラスの年長者と二十代の若手の中間的ポジションにある三十代の人は、会議における対等な雰囲気をつくるキーパーソン的役割をしなくてはいけません。自ら上司に遠慮しすぎずに自分の意見を言って「ここは対等に自由に議論する場なんだよ」という雰囲気をつくりながら、若手にどんどん発言の機会を与える、といった配慮が必要です。

そもそもいいアイデアや意見が上司から出るとは限りません。上司は経験値が高い分、アイデアを出すよりも、その良し悪しを判断し、形にして実践していく術に長けているものです。その部分で活躍してもらう形が、上司への配慮にもなるはずです。

『繁栄』（ハヤカワ・ノンフィクション文庫）の著者であるマット・リドレーは、アイデアの交換こそが、人類の繁栄を生んだとしています。アイデア交換を活性化させましょう。

自分のストロングポイントをアピールする

また仕事は「上司の判断を仰ぐ」ことが基本ですが、三十代ともなれば自分の得意なフィールドにおいてはどんどん上司に「自分はこうやりたい」と主張してもいい。ときに勝負どころだと思う場面では、「ここは譲れません」くらいの責任感のある姿勢を持つことも大切だと思います。

ドラッカーの言い方を借りれば、それは自分のストロングポイントをアピールすることにつながります。たとえばパソコンがらみの仕事とか、取引先との面倒な交渉事とか、上司はとくに自分が苦手だったり、面倒だったりする仕事については、部下に「任せられる存在」になってほしいと願っているものです。ですから上司に反発するのではなく、ストロングポイントをアピールしつつ自分の判断でできる仕事の領域を増やしていく形で自分を貫くのがベストと言えます。

49 その仕事を誠心誠意しっかりこなす

（衛霊公第十五　三八）

君に事えては、其の事を敬して其の食を後にす。

【訳】　主君の下で仕事をする際には、まず何よりもその仕事を誠心誠意しっかりこなす。報酬や待遇のことは後回しでよい。

将来の「テイク」を想定して「ギブ」に専心する

前にも「報酬は後からついてくる」という考え方について述べました。ここもそう。孔子は繰り返し、仕事をする心構えとして「食を後にする」ことが重要だと述べているのです。「報酬をもらって仕事をする」感覚だと、「その金額ならここまで」という感じになって、より高きを目指す志を見失ってしまう恐れがあります。何よりも大事な志を置き去りにして、報酬だけを求めるのは本末転倒ではないか、という話です。

次のステップにつなげる

報酬というのは、やった仕事に対して支払われるものです。まだ結果が見られないうちは、払うほうもどうしたって渋ります。

「でも毎日、サービス残業をしているじゃないか」とか「でもよその会社の給与水準から見て、安すぎるじゃないか」とか、いろいろ言い分はあるかもしれませんが、そこは割りきるしかありません。何事も経験だと考え、とにかく依頼された仕事に邁進し、その努力を次のステップにつなげていくことが大切です。

そもそも志は、一朝一夕(いっちょういっせき)で成るものではありません。常に「すべての仕事は志を遂げるためのステップ」なのです。そういう姿勢でいると、見ている人は必ず見ているもの。やがて報酬や地位がついてきます。

ビジネスに応用すると……

この考え方はビジネスのあらゆるシーンに応用できます。よく「ビジネスはギブ＆テイクで、まずギブありき」と言われます。ただ頭ではわかっていても、つい「テイクを先に」と考えたくなるものです。そこには「思うほどのテイクが得られないと困るから、とりあえずテイクを確保しておきたい」という気持ちが働いています。

なぜそうなるかと言うと、目先のテイクしか見ていないからです。もっと長いレンジで「将来のテイク」を想定すると、ちょっと見方が変わってきます。「すぐにテイクが得られなくても、ギブを続けていった先にこういう大きなテイクが期待できる」というふうに考えて、行動できるようになるのです。それはすなわち、将来のビジョンを描いて、ギブを投じる仕事をしていくことにほかなりません。

ギブをケチっていたら、大きなテイクが得られない。それがビジネスの鉄則でもあるのです。

50 「恭寛信敏恵」の五つを世に行なうことが「仁」

孔子曰わく、

能く五つの者を天下に行なうを仁と為す。

これを請い問う。

曰わく、恭寛信敏恵なり。

恭なれば則ち侮られず、寛なれば則ち衆を得、信なれば則ち人任じ、敏なれば則ち功あり、恵なれば則ち以て人を使うに足る。

（陽貨第十七 六）

【訳】　先生は言われた。

「五つのことを世に行なうことができれば、それが仁と言えるね」

　子張がその五つは何かとおたずねすると、こう言われた。

「恭・寛・信・敏・恵だ。〈恭〉、つまり慎み深ければ、人から侮られることはない。〈寛〉、つまり人に寛容で心が広ければ、人々の心を得られる。〈信〉、つまり言行が一致していれば、人から信用されて仕事を任される。〈敏〉、つまり機敏に実行すれば功績があがる。〈恵〉、つまり他人に財を分け与えるなら、うまく人を使うことができる」

「仁徳」は「言行一致」を旨とする

『論語』には、門人たちが孔子に「仁」を問う場面がたくさん登場します。おもしろいのは、そのたびに孔子が異なる答え方をしていることです。「仁徳」は道徳的観念と捉えられがちですが、あらゆる場面で実践すること、つまり「言行一致」がともなう徳であることがわかります。

ここでは孔子は「恭寛信敏恵」の五つを世に行なうことを「仁」としています。

この五つの漢字の一つひとつが、何となく胸に沁みる。それも、私たち日本人が漢字を読めることのありがたさではないでしょうか。

昔はこの五文字が名前によく使われました。たとえば「子」をつけると、恭子、寛子、信子、敏子、恵子となります。私の世代には、そういう名前の女性が大勢いました。まだ『論語』の精神が生きていた時代と言えるかもしれません。

子どもの名前をランキング付けしたある調査によると、近年は、男の子なら「翔」「陽」「新」のつく名前、女の子なら「愛」「結」「桜」のつく名前が人気だとか。明るく軽やかなイメージの漢字が好まれる一方で、『論語』の精神が薄れてきたようにも感じています。

そういう時代だからこそ逆に、孔子がここで提示する五つの漢字を意識するといいでしょう。手帳などに書きつけるだけでも、仁に対する意識を目覚めさせることができるのではないでしょうか。

漢字が行動をつくる

訳を読むとわかるように、この五つの漢字は行動規範となりうるものです。もちろん、仕事の場面でも自らの行動を律するのに役立ちます。

たとえば「上司に恭順の意を表しよう」「ミスに対して寛容でありたい」「信用第一、約束は守ろう」「行動は機敏でなければいけない」「残業をいとわずがんばっている部下たちに差し入れをする、たまにはごちそうする。そこを恵み深さの出発点にしよう」など、折に触れて「恭寛信敏恵」の実践を心がける。そうして実践を積み重ねていくと、トータルで仁徳が身に沁みついてきます。

これからのリーダーたる三十代には、リーダーと呼ばれるにふさわしい仁徳が求められるところ。常に「恭寛信敏恵」を意識して行動し、実践を通して仁徳に磨きをかけましょう。「仁者を目指す」ことはまた、高い志を持つことにも通じるのです。

付章
人生を支え、成長させる『論語』のことば プラス50

ここまで『論語』にある五十の言葉を、おもに仕事に引き寄せながら解説してきましたが、ほかにもいい言葉はたくさんあります。

三十代のあなたにとって支えとなり、成長を促す珠玉の言葉をプラス五十、「こんなときに効く」という場面別に紹介しましょう。

悩みや心配事があるとき

51 内に省みて疚しからずんば、夫れ何をか憂え何をか懼れん。

（顔淵第十二　四）

【訳】　自分の心を省みて、何もやましいことがないなら、憂え、恐ることは何もないのだ。

【コメント】「見透かされたらどうしよう」と心配になるのは、やましいことがあるからです。

52 君子固より窮す。小人窮すれば斯に濫る。

（衛霊公第十五　二）

【訳】　君子ももちろん困窮することはある。小人は困窮すると心が乱れて、でたらめなことをするが、君子は乱れない。そこが君子と小人の違いだ。

【コメント】　何があっても、あわてず、騒がず。心を冷静に保ちましょう。

53

予れは一以てこれを貫く。

（衛霊公第十五　三）

【訳】私は一つの道理をもって、世のさまざまなことに対している。いわば「一以てこれを貫く」者だね。

【コメント】「自分はこれで生きる」という「一」があると迷いはなくなります。

54

君子は貞にして諒ならず。

（衛霊公第十五　三七）

【訳】君子は筋を通すが、馬鹿正直に小さなことにこだわりはしない。

【コメント】どうでもいいことに悩んでいませんか？

55

君子は坦かに蕩蕩たり。小人は長えに戚戚たり。

（述而第七　三六）

【訳】君子は心が安らかでのびやかだ。小人はいつもくよくよと思い悩んでばかりいる。

【コメント】くよくよ悩むのは小人である証拠、と心得ましょう。のびやかに。

人間関係に悩んだとき

56 己（おの）れの欲（ほっ）せざる所（ところ）、人（ひと）に施（ほどこ）すこと勿（な）かれ。

（衛霊公（えいれいこう）第十五　二四）

【訳】自分がされたくないことは、人にもしてはいけない。

【コメント】孔子は、人を思いやることを「一生かけて行なう価値あるもの」としています。その思いやりの心を具体的に示す行動がこれ。人間関係の要諦でしょう。

57

君子は争う所なし。必ずや射か。揖譲して升り下り、而して飲ましむ。其の争いは君子なり。

（八佾第三　七）

【訳】　君子と言われる人格者は、人と争わない。争うことがあるとすれば、弓を射る儀礼のときくらいだ。相手ときちんと挨拶を交わし、順番に堂に上がり射る。競技後は、勝者が敗者に罰として酒を飲ませる。こういう争いはどこまでも礼儀正しく、君子的である。

【コメント】　ムダなところで争わない。会議での議論などはその限りではないが、ケンカ腰はダメ。相手の立場や考えを理解し、しなやかにふるまいましょう。

58

君子は敬して失なく、人と恭しくして礼あらば、四海の内は皆な兄弟たり。君子何ぞ兄弟なきを患えんや。

（顔淵第十二　五）

【訳】　君子たるものは、慎み深く落度なく、人とはていねいに礼を守ってつき合う。そうすれば、世界中の人はみな兄弟となる。たとえ実の兄弟がいなくても悲しまなくてもよい。

【コメント】「礼」とは、人間関係上の最低限のルール。三十代ともなれば、自然と「礼」を尽くせる人になりましょう。

59

工、其の事を善くせんと欲すれば、必ず先ず其の器を利くす。是の邦に居りては、其の大夫の賢者に事え、其の士の仁者を友とす。

（衛霊公第十五　一〇）

【訳】　職人が仕事をうまくやりたいなら、必ずまず道具を磨く。そのように、その国の政務を担当する大夫のなかから優れた人物を選んでお仕えし、士人の中の仁徳ある者を友だちとして、自分を磨きあげることだ。

【コメント】　徳を身につけるには、向上心のある人とつき合うことがポイントです。

60

与に言うべくしてこれと言わざれば、人を失う。与に言うべからずしてこれと言えば、言を失う。知者は人を失わず、亦た言を失わず。

（衛霊公第十五 八）

【訳】 ある人の意見に賛同すべきときに、ともに発言しないと、その人と信頼関係が結べない。賛同すべきでないときに、ともに発言し賛同すると、言の信用を失う。知者は、そのような過ちを犯さないので、人の信用も、言の信用も失うことはない。

【コメント】 言うべきことを、言うべきタイミングで言うことが大切。

61

君子に三畏あり。天命を畏れ、大人を畏れ、聖人の言を畏る。小人は天命を知らずして畏れず、大人に狎れ、聖人の言を侮る。

（季氏第十六 八）

【訳】　君子には畏れ敬うことが三つある。天命を畏れ、人格の優れた年長者を敬い、聖人の言を畏れ敬う。小人は天命を知らないからこれを畏れず、優れた年長者になれなれしくして、聖人の言をあなどる。

【コメント】　優れた人は「敬意でつながる人間関係」を大事にします。

62
賢を見ては斉しからんことを思い、不賢を見ては内に自ら省みる。

（里仁第四　一七）

【訳】　賢明な人を知って同じになろうと思い、賢明でない人を見て、そうであってはならないと省みることだ。

【コメント】　この考え方でいけば、どんな人とでもつき合う意味を見出せます。

63

老者はこれを安んじ、朋友はこれを信じ、少者はこれを懐けん。

（公冶長第五　二六）

【訳】　老人には心安らかになってもらうよう、友人には信頼されるよう、若い人には慕われるようでありたいね。

【コメント】　これは志を問われたときの孔子の答え。コミュニケーションのあり方を相手によって三通りに分け、簡潔に整理しているところが秀逸です。

絶好調のとき

64 **如し周公の才の美ありとも、驕り且つ吝かならしめば、其の余は観るに足らざるのみ。**

（泰伯第八　一一）

【訳】　もし、周公のように優れた才能を持っている人がいたとしても、その人が驕り高ぶり、他の人の才能を憎むようなら、その人には大切な徳がない。その才能も評価する価値はない。

【コメント】　能力が認められ、高い地位を得ていくと、人は慢心のワナにはまりがち。そうならないよういっそうの精進を続けることも才能のうちなのです。

65

過(あやま)ちて改(あらた)めざる、是(こ)れを過(あやま)ちと謂(い)う。

（衛霊公(えいれいこう)第十五　三〇）

【訳】過っても改めない、これが本当の過ちだ。

【コメント】地位が上がれば上がるほど、自分の過ちを認めたがらないもの。素直さを忘れてはいけません。

66

君子(くんし)は泰(ゆたか)にして驕(おご)らず、小人(しょうじん)は驕(おご)りて泰(ゆたか)ならず。

（子路(しろ)第十三　二六）

【訳】君子は落ち着いてゆったりとしているが、高慢ではない。小人は、その反対で、高慢で、ゆったりとはしていない。

【コメント】少しくらい調子がいいからといばりたがる人は君子的人物とは言えません。

67

暴虎馮河して死して悔いなき者は、吾れ与にせざるなり。必ずや事に臨みて懼れ、謀を好みて成さん者なり。

（述而第七　一〇）

【訳】　素手で虎に立ち向かい、舟なしで大河を渡る。そんな向こう見ずで、死んでもかまわないとする者とは、行動をともにしない。必ず事に臨んで慎重に考え、戦略巧みに成し遂げる者と一緒にやりたい。

【コメント】　調子のいいときはつい無謀な行動に出てしまいがち。いつもより慎重になるくらいでちょうどいいでしょう。

欲にかられたとき

68 富と貴きとは、是れ人の欲する所なり。其の道を以てこれを得ざれば、処らざるなり。

（里仁第四　五）

【訳】 富と貴い地位は、人が求めたがるものだ。しかし、正しい方法で得たものでなければ、そこに安住はできない。

【コメント】 富や地位・名声に対する欲望はあって当然のものですが、そのために邪なことをしてはダメ。結局は身を滅ぼすことになってしまうのです。

69

朽木は雕るべからず、糞土の牆は杇るべからず。予に於いてか何ぞ誅めん。

（公冶長第五　一〇）

【訳】腐った木には彫刻はできない。ぼろぼろになった土塀は、上塗りしても修復できない。宰予を叱っても、しかたがないね。

【コメント】ある日、怠けて昼寝をしていた門人の宰予に対して孔子が言った厳しい言葉。〝怠けたい欲〟が出てきたときは、思い出してください。

70

君子に三戒あり。少き時は血気未だ定まらず、これを戒むること色に在り。其の壮なるに及んでは血気方に剛なり、これを戒むること闘に在り。其の老いたるに及んでは血気既に衰う、これを戒むること得に在り。

（季氏第十六　七）

【訳】 君子には年代に応じて、三つの戒めがある。若いときには血気が不安定なので、情欲を戒める必要がある。三、四十代の壮年期には血気が盛んで人とぶつかりやすいので、人と争うことを戒める必要がある。老年になると血気が衰えて肉体的な欲望は減るが、財貨を求めすぎる欲を戒める必要がある。

【コメント】 血気盛んな三十代、欲を上手にコントロールしましょう。

71

已んぬるかな。吾れ未だ徳を好むこと色を好むが如くする者を見ざるなり。

（衛霊公第十五　一三）

【訳】　もはやダメだなあ。私は美人を好むように徳を好む人に出会ったことがないよ。

【コメント】　異性に傾ける情熱のいく分かを、徳の修養に回しましょう。

72

位なきことを患えず、立つ所以を患う。

（里仁第四　一四）

【訳】　社会的地位がないことをなげくのではなく、そうした地位に立つために必要な力量や知識が自分に欠けていることを反省すべきだ。

【コメント】　出世欲を満たすには、望む地位に応じた実力をつけるしかないのです。

73

女、君子の儒と為れ。小人の儒と為ること無かれ。

（雍也第六　一三）

【訳】おまえは、自分の人格を磨く君子たる学者になりなさい。単に知識を誇り有名になりたがるだけの小人的な学者になってはいけない。

【コメント】名声は求めて得るものではありません。

74

富にして求むべくんば、執鞭の士と雖ども、吾れ亦たこれを為さん。如し求むべからずんば、吾が好む所に従わん。

（述而第七　一一）

【訳】富は本来、天の計らいで得られるものであり、求めてもいたし方ないものだ。もし儲かるのなら、王が出入りするときの露払いのような取るに足らない下働きでもしよう。しかし、富は求めてもしかたないものだ。

ならば、私は好きな道を進んでいきたい。

【コメント】 求めてもなかなか得られない富に振り回されてはつまらない。それよりも夢中になれる仕事をすることです。

学習意欲が低下したとき

75 述べて作らず、信じて古えを好む。窃かに我が老彭に比す。

（述而第七 一）

【訳】 私は古えの聖人の言ったことを伝えるが、創作はしない。古えの聖人を信じ、古典を大切にしているのだ。かつて殷の時代に老彭という賢人がいて、古人の言ったことを信じて伝えたという。私はひそかに自分をこの老彭になぞらえている。

【コメント】 古来の叡智が凝縮された古典を、教養の柱にしましょう。

76

生まれながらにしてこれを知る者は上なり。学びてこれを知る者は次ぎなり。困みてこれを学ぶは又た其の次ぎなり。困みて学ばざる、民斯れを下と為す。

（季氏第十六　九）

【訳】 生まれつきわかっている者は最上だ。その次は、学ぶことによって理解する者。行き詰まってからようやく学ぶ者はその次であり、それでも学ばない者は最低だ。

【コメント】 誰しも、切羽詰まると学ぼうとします。あえてそういう状況をつくりだすことで、学習意欲を維持するのも一つの方法です。

77

天何をか言うや。四時行なわれ、百物生ず。天何をか言うや。

（陽貨第十七　一九）

【訳】　天は何か言葉を伝えるだろうか。言葉がなくても、四季は巡り、すべてが育つ。天は何も言わないが、そこに教えがある。私の言葉だけを頼みにしてはいけないよ。

【コメント】　ときに書物より雄弁な師となる自然の声に敏感になりましょう。

78

故きを温めて新しきを知る、以て師と為るべし。

（為政第二　一一）

【訳】　古き良きことに習熟し、新しいものの良さもわかる。そんな人は、師となる資格がある。

【コメント】　〝新しもの好き〟なだけでは、学びは十分とは言えません。

79

黙してこれを識し、学びて厭わず、人を誨えて倦まず。何か我れに有らんや。

（述而第七　二）

【訳】　大切なことを黙って心に刻み記憶する。学び続けて、飽きるということがない。人に教えていて退屈することがない。この三つのことは私にとって、とりたてて難しいことではない。

【コメント】　この境地に達すれば、学習意欲が衰えることはありません。

80

年四十にして悪まるるは、其れ終わらんのみ。

（陽貨第十七　二六）

【訳】　四十歳にもなって人に憎まれるようでは、もうおしまいだろうね。

【コメント】「四十にして惑わず」となるには、三十代で学ぶ習慣をつけておかなくてはダメ。ここまで厳しく言われると、いやでも学習意欲が高まりますよね。

81

小子、何ぞ夫の詩を学ぶこと莫きや。詩は以て興こすべく、以て観るべく、以て群すべく、以て怨むべし。邇くは父に事え、遠くは君に事え、多く鳥獣草木の名を識る。

（陽貨第十七　九）

【訳】 おまえたちは、どうしてあの詩三百篇を学ばないのか。詩を朗誦すると、志や感情が高められ、物事を観る目が養われ、人とうまくやっていけるし、うらむことがあっても怒りにまかせず処せるようになる。近くは父に仕え、遠くは国君に仕えるのにも役立つ。しかも、鳥獣草木の名前をたくさん識ることもできる。

【コメント】 孔子の「詩三百篇」に当たる、人生の基本テキストを持つことをおすすめします。

リーダーの心構えを知りたいとき

82

衆これを悪むも必ず察し、衆これを好むも必ず察す。

（衛霊公第十五　二八）

【訳】 世の多くの人が悪く言うときも、良く言うときも、それを鵜のみにせず、必ず自分で調べ考えることだ。

【コメント】 風評に惑わされることなく、何事も「裏を取って判断する」ことが大切です。

83

利を見ては義を思い、危うきを見ては命を授く、久要、平生の言を忘れざる、亦た以て成人と為すべし。

（憲問第十四　一三）

【訳】利益を目の前にしても〈義〉（道義・正義）を最優先して考え、危機のときは一命をささげ、昔の約束を忘れずに果たすならば、それもまた〈成人〉（人格の完成された人）と言っていいだろう。

【コメント】どんな状況でも揺るがない自分を持つ、それがリーダーの資質です。

84

子は温にして厲し。威にして猛ならず。恭しくして安し。

（述而第七　三七）

【訳】先生は温和でありながら厳しく、威厳はあるものの猛々しくはなく、礼儀正しく慎み深いが安らかで窮屈なところがない。

【コメント】リーダーになるには、人格的な中庸＝バランスが重要です。

85

君子は和して同ぜず、小人は同じて和せず。

（子路第十三　二三）

【訳】君子は人と和合・協調するが、やたらとつるみはしない。反対に、小人はよく人とつるむが、協調性はない。

【コメント】見識あるリーダーは、チームワークは大切にしますが、付和雷同しません。

86

君子は矜にして争わず、群して党せず。

（衛霊公第十五　二二）

【訳】君子は厳格だが、人と争わない。大勢の人と一緒にいることはあっても、徒党を組まない。

【コメント】自己が確立されていることはリーダーの条件です。

87

子、四を絶つ。意なく、必なく、固なく、我なし。

（子罕第九　四）

【訳】　先生には、次の四つのことがなかった。自分勝手にやる〈意〉がなく、何でもあらかじめ決めた通りにやらなければ気がすまない〈必〉がなく、一つのことに執着する〈固〉がなく、利己的になって我を張る〈我〉がない。

【コメント】　〝ワンマンリーダー〟では部下に慕われません。心と頭を柔軟にすることが大切です。

88

巧言は徳を乱る。小、忍びざれば、則ち大謀を乱る。

（衛霊公第十五　二七）

【訳】　口車に乗せられると、善悪があいまいになり、徳が乱される。小さなことにむきになると、大事を成し遂げられない。

【コメント】　リーダーはどっしり構え、些細なことには関わらないのが本来です。

89

直きを挙げて諸れを枉れるに錯けば、能く枉れる者をして直からしめん。

（顔淵第十二　二二）

【訳】　心のまっすぐな者を上におけば、心の曲がった者もまっすぐになる、ということだよ。

【コメント】　人格者のリーダーの下では、問題のある部下も良くなっていくのです。

90 有司を先きにし、小過を赦し、賢才を挙げよ。

（子路第十三　二）

【訳】　まず役人たちに担当の仕事をしっかりさせる。そして、小さな失敗は許す。そのうえで優秀な者を抜擢するといい。

【コメント】　些細なミスに目くじらを立てていると、優秀な人材を登用できません。

91 民は信なくんば立たず。

（顔淵第十二　七）

【訳】　民に為政者に対する〈信〉がなければ、国家も民も立ちゆかない。

【コメント】　孔子が兵よりも食よりも大事だとした「信」は、ここでは言行一致を意味します。口だけのリーダーは信頼を失います。

92

君子に九思あり。視るには明を思い、聴くには聡を思い、色には温を思い、貌には恭を思い、言には忠を思い、事には敬を思い、疑わしきには問いを思い、忿りには難を思い、得るを見ては義を思う。

(季氏第十六 一〇)

【訳】 君子には九つの思いがある。見るときには〈明〉、はっきり見る。聴くときには〈聡〉、もれなく聞く。顔つきは〈温〉、おだやかに。姿・態度については〈恭〉、うやうやしく控えめに。言葉については〈忠〉、誠実に。仕事には〈敬〉、慎重に。疑わしいことには〈問〉、問うて、疑問を残さない。怒るときには〈難〉、その後の面倒にならないように。利得を目の前にしたときは〈義〉、公正な道義を思う。

【コメント】 これぞリーダーたる者の完璧なふるまいです。

93

君子の道四つ有り。其の己れを行なうや恭、其の上に事うるや敬、其の民を養なうや恵、其の民を使うや義。

（公冶長第五　一六）

【訳】 鄭の名宰相の子産は君子の道にかなう四つの特徴をそなえていた。行ないにおいては〈恭〉、慎み深く。目上の人には〈敬〉、敬意を表す。民に対しては〈恵〉、情け深く。民を使うには〈義〉、筋を通す。恭・敬・恵・義の四つの徳をそなえ、実践できれば、君子の名に値する。

【コメント】「君子の道」は現代に置き換えると「ビジネスリーダーの道」。ここで言う「民」を「部下」と考えて、「恵」と「義」を大切にしてください。

94 子、四つを以て教う。文、行、忠、信。

（述而第七　二四）

【訳】 先生は〈文〉・〈行〉・〈忠〉・〈信〉の四つを教えられた。〈文〉は、詩書礼楽を学ぶこと。〈行〉は、学んだことを実践すること。〈忠〉は、人に真心をもって接すること。〈信〉は、うそ偽りのないことである。

【コメント】 これらをよりよく生きるための四大方針としてはいかがでしょうか。

95 苟くも我れを用うる者あらば、期月のみにして可ならん。三年にして成すこと有らん。

（子路第十三　一〇）

【訳】 もし私を用いて国政を担当させてくれる人があるならば、一年でもまずまずのことはやってみせられる。三年あれば、立派に達成してみせよう。

【コメント】 何事も成果を焦らず、じっくり腰を据えて挑みましょう。

96

是の言有るなり。堅しと曰わざらんや、磨すれども磷がず。白しと曰わざらんや、涅すれども緇まず。吾れ豈に匏瓜ならんや。焉んぞ能く繫りて食らわれざらん。

（陽貨第十七　七）

【訳】 諺にも、「本当に堅いものは、研いでも薄くならない」、「本当に白いものは、黒土にまぶしても黒くならない」というではないか。それに、私は苦瓜でもあるまいし、ぶらさがっていて、誰にも食われない、というのではない。用いてくれる人がいるなら、力を発揮したいではないか。

【コメント】 どんなにひどく感じる職場、上司であっても、自分は自分。環境をうらまずに、持てる力を発揮することに努めましょう。

97

己れを克めて礼に復るを仁と為す。一日己れを克めて礼に復れば、天下仁に帰す。仁を為すこと己れに由る。而して人に由らんや。(中略)
礼に非ざれば視ること勿かれ、
礼に非ざれば聴くこと勿かれ、
礼に非ざれば言うこと勿かれ、
礼に非ざれば動くこと勿かれ。

(顔淵第十二　一)

【訳】　自分の欲に克ち、〈礼〉に復る「克己復礼」が〈仁〉ということだ。一日でもそれが実践できれば、世の中の人もこれを見習い、仁に目覚めるだろう。仁を行なえるかどうかは自分しだいだ。人に頼ってできるものではない。具体的には、礼に外れたことは、見ず、聞かず、言わず、せず、ということだ。

【コメント】 一人ひとりの心がけがより良い社会を形成します。まず自分が率先して仁を実践しようと思うところが出発点です。

98

吾（わ）れ少（わか）くして賤（いや）し。故（ゆえ）に鄙事（ひじ）に多能（たのう）なり。

（子罕（しかん）第九　六）

【訳】 私は若いころ身分が低く貧しかった。だから、どんな仕事もして、つまらないことがいろいろできるようになったのだ。

【コメント】 孔子ほどの人がなかなか世に用いられず、下々のさまざまな仕事をして暮らすしかなかったことを思うと、人生にはムダなことは何もないと思えます。

99

君子の天下に於けるや、適も無く、莫も無し。義にこれ与に比しむ。

（里仁第四　一〇）

【訳】　君子が世に事をなすとき、先入見から「これはよい」「これはよくない」などと決めつけない。ただ筋が通ったこと、つまり〈義〉に則った行動かどうかで決める。

【コメント】　常に義に照らし合わせて行動しましょう。

100

義を見て為ざるは、勇なきなり。

（為政第二　二四）

【訳】　人として当然すべきことをせず傍観者的な態度でいるのは、勇気がない。

【コメント】　臆病風が吹いたときに、声に出して言ってみてください。

あとがき

三十代にとって『論語』は、孔子の弟子たちの一人になった気で読むのがちょうどいい。弟子たちは少年ではない。それぞれに大人であり、仕事を持つ者が多い。孔子と生活を共にする者もいれば、門下生として時折教えを受ける者もいる。

孔子（紀元前五五一～四七九年）は、周の時代末、魯の国に生まれた。時は春秋戦国時代、臣下が王を殺し、その地位を奪うことが横行する時代状況において、仁義に代表される徳を持った君主が治める仁道政治・徳治政治を説いた。孔子は思想家であるとともに、理想の政治を実践する政治家でありたいと生涯考えていた。自分を買ってくれる為政者がいるならば、自分を売ろうと考えていた。

しかし、故国魯で一時的に活躍したあとは、十四年という長い亡命生活を余儀なくされる。その放浪生活のなかで、『論語』の珠玉の名言は生まれた。孔子の弟子たちは、孔子と生活を共にしながら言葉を書き留め、伝えた。

三十代が『論語』の言葉に触れるときには、ぜひともこの放浪する不遇の大思想家の生身の体から発せられた貴重な人生のアドバイスとして心に刻んでほしい。孔子の言葉には感情がこもっている。弟子への思いが溢れている。

身から身へ、言葉は贈られた。そうした自分への贈り物として孔子の言葉をかみしめるとき、三十代という人生の背骨に当たる年代を生きる支えとなる。

二千五百年の時を超えて、みなさんが、自分の人生を支える言葉として、この本の中の名言を心に刻んでもらえるのなら、孔子は「不遇」ではなく、「不朽」の幸運な大思想家だと言える。下村湖人(しもむらこじん)『論語物語』、中島敦(なかじまあつし)『弟子』を併読してほしい。

「三十代で『論語』に出会えてよかった」と思っていただけたら、うれしい。

令和三年十月七日

齋藤 孝

本書の『論語』の書き下し文は、金谷治訳注『論語』（岩波文庫）を底本としています。

一部文字遣いや語句については変更した箇所があります。

切りとり線

★読者のみなさまにお願い

この本をお読みになって、どんな感想をお持ちでしょうか。祥伝社のホームページから書評をお送りいただけたら、ありがたく存じます。今後の企画の参考にさせていただきます。また、次ページの原稿用紙を切り取り、左記まで郵送していただいても結構です。

お寄せいただいた書評は、ご了解のうえ新聞・雑誌などを通じて紹介させていただくこともあります。採用の場合は、特製図書カードを差しあげます。

なお、ご記入いただいたお名前、ご住所、ご連絡先等は、書評紹介の事前了解、謝礼のお届け以外の目的で利用することはありません。また、それらの情報を6カ月を越えて保管することもありません。

〒101-8701（お手紙は郵便番号だけで届きます）
祥伝社　新書編集部
電話03（3265）2310
祥伝社ブックレビュー　www.shodensha.co.jp/bookreview

★本書の購買動機（媒体名、あるいは○をつけてください）

＿＿＿＿新聞の広告を見て	＿＿＿＿誌の広告を見て	＿＿＿＿の書評を見て	＿＿＿＿の Web を見て	書店で見かけて	知人のすすめで

★100字書評……30代の論語

名前

住所

年齢

職業

齋藤 孝　さいとう・たかし

明治大学文学部教授。1960年、静岡県生まれ。東京大学法学部卒業。同大学院教育学研究科博士課程等を経て、現職。専門は教育学、身体論、コミュニケーション論。著書に『声に出して読みたい日本語』(草思社 毎日出版文化賞特別賞受賞)、『身体感覚を取り戻す』(NHKブックス 新潮学芸賞受賞)、『最強の人生指南書』『最強の人生時間術』『最強の家訓』『潜在能力を引き出す「一瞬」をつかむ力』(以上祥伝社新書)など多数。訳書に『論語』(ちくま文庫)など。

30代の論語
——知っておきたい100の言葉

齋藤 孝

2021年11月10日　初版第1刷発行

発行者……………辻 浩明
発行所……………祥伝社 しょうでんしゃ
〒101-8701　東京都千代田区神田神保町3-3
電話　03(3265)2081(販売部)
電話　03(3265)2310(編集部)
電話　03(3265)3622(業務部)
ホームページ　www.shodensha.co.jp

装丁者……………盛川和洋
印刷所……………萩原印刷
製本所……………ナショナル製本

Printed in Japan　ISBN978-4-396-11645-3　C0295

〈祥伝社新書〉
「心」と向き合う

183
般若心経入門
276文字が語る人生の知恵
永遠の名著を新装版で。いま見つめなおすべき「色即是空」のこころ
松原泰道

204
観音経入門
悩み深き人のために
安らぎの心を与える「慈悲」の経典をやさしく解説
松原泰道

076
早朝坐禅
凜（りん）とした生活のすすめ
坐禅、散歩、姿勢、呼吸……のある生活。人生を深める「身体作法」入門
宗教学者
山折哲雄

188
歎異抄（たんにしょう）の謎（なぞ）
親鸞をめぐって・「私訳 歎異抄」・原文・対談・関連書一覧
親鸞は、本当は何を言いたかったのか？
作家
五木寛之

308
神（サムシング・グレート）と見えない世界
「神」とは何か？ 「あの世」は存在するのか？ 医学者と科学者による対談
東京大学名誉教授
矢作直樹
筑波大学名誉教授
村上和雄

〈祥伝社新書〉
「能力」を磨く

306
リーダーシップ3.0 カリスマから支援者へ
中央集権型の1.0、変革型の2.0を経て、現在求められているのは支援型の3.0である
慶應義塾大学SFC研究所 小杉俊哉

400
最強のコミュニケーション ツッコミ術
「会話の上手下手の分かれ目は、ここにあった！」齋藤孝氏推薦！
放送作家・漫才作家 村瀬 健

409
ビジネススクールでは教えてくれないドラッカー
アメリカ式経営では「正しく」失敗する。今の日本に必要なのはドラッカーだ！
慶應義塾大学教授 菊澤研宗（けんしゅう）

531
禁断の説得術 応酬話法 「ノー」と言わせないテクニック
トップセールスマン、AVの帝王、借金50億円の完済、すべてこの話法のおかげです
AV監督 村西とおる

557
自分マーケティング 一点突破で「その他大勢」から抜け出す
1％の天才を除く99％の凡人が生き残るための戦略を、豊富な事例と共に披露
コピーライター 川上徹也

〈祥伝社新書〉
齋藤孝の本

205
最強の人生指南書
佐藤一斎「言志四録」を読む
仕事、人づきあい、リーダーの条件……人生の指針を幕末の名著に学ぶ
明治大学教授
齋藤 孝

247
最強の人生時間術
「効率的時間術」と「ゆったり時間術」のハイブリッドで人生がより豊かに！
齋藤 孝

333
最強の世渡り指南書
井原西鶴に学ぶ「金」と「色」
『日本永代蔵』『好色一代男』で知られる西鶴作品から現代に役立つ才覚を学ぶ
齋藤 孝

367
最強の家訓
仕事と人生に効く言葉
武家、商家、企業の家訓や社訓は、現代日本人が忘れた知恵の宝庫だった
齋藤 孝

603
潜在能力を引き出す「一瞬」をつかむ力
眠っている「潜在能力」の引き出し方、再現方法を紹介する
齋藤 孝